ESSAI

sur la

LANGUE BAMBARA

Angers, imprimerie BERDIN et C¹ᵉ, rue Garnier, 4.

MINISTÈRE DE LA MARINE ET DES COLONIES

ESSAI

SUR LA

LANGUE BAMBARA

PARLÉE

DANS LE KAARTA ET DANS LE BÉLÉDOUGOU

SUIVI D'UN VOCABULAIRE

Avec une carte indiquant les contrées où se parle cette langue

PAR

G. BINGER

LIEUTENANT D'INFANTERIE DE MARINE

PARIS

MAISONNEUVE FRÈRES et CH. LECLERC, ÉDITEURS

25, QUAI VOLTAIRE, 25

—

1886

A MONSIEUR LE GÉNÉRAL DE DIVISION FAIDHERBE

Ex-Gouverneur du Sénégal

MON GÉNÉRAL,

A mon retour du Sénégal vous avez bien voulu me permettre de vous présenter les notes que je rapportais sur la langue bambara et m'encourager à les faire imprimer ; je viens vous prier aujourd'hui de vouloir bien accepter la dédicace de ce modeste travail.

Lorsque les rapports avec les peuples bambaras seront plus suivis et que les indigènes seront plus familiarisés avec notre langue, cet essai pourra être complété.

Les mots et les phrases m'ont été fournis par un Kouloubali massasi, un Diara et un Fofana, originaires du Kaarta et du Bélédougou ; j'ai de plus contrôlé mes notes dans chaque poste avec le secours des indigènes comprenant le français.

Mon but sera entièrement atteint si par ce faible travail je puis contribuer à faciliter à mes camarades, aux commerçants et aux voyageurs, les relations avec les pays pour l'avenir desquels vous vous êtes dévoué pendant de si longues années.

Je vous prie d'agréer, mon Général, avec mes remerciements, l'hommage de mon plus profond respect

G. BINGER.

ESSAI

SUR

LA LANGUE BAMBARA

INTRODUCTION

La plupart des historiens sont d'accord sur l'exis-
tence, dans le Soudan occidental, de deux races (1)
bien distinctes, dont dérivent toutes les autres : La
race poul et la race mandingue.

(1) A côté de ces deux grandes familles semblerait exister
une troisième race presque éteinte actuellement. Elle comprend : les Diobas, qui contrairement à leurs voisins, les
Serrères Falor et Palor, ne se sont pas encore mélangés aux
Ouolofs du Cayor, du Baol et du Sine. Ils vivent dispersés
dans les forêts du littoral, ne se groupent pas par village,
habitent par familles et parlent un idiome tout différent de
celui des Serrères du Baol, du Ndïotch et du Lekhar qu'ils
ne comprennent pas. Quoique près de nos comptoirs de la
Petite Côte, ils sont peu enclins à la civilisation ; c'est à peine
s'ils sont vêtus. Actuellement on en trouve quelques familles
établies sur un terrain neutre entre le Cayor, le Baol, le Sine et
nos établissements de Portudal et de Joal ; dans les îlots formés
par le Saloum dans les environs de Sangobar (barre du Saloum).
On les retrouve sous le nom de Diolas, à l'embouchure de
la Gambie, sur les bords du Songrougrou (affluent de droite
de la Casamance) ; à l'embouchure de ce fleuve, près de

1

La première comprend : les Ouolofs, les Serrères Falor et Palor, les Toukouleurs, et enfin les Pouls nomades.

La seconde comprend : Les Mali-nkés, les Bambaras, les Mandi-nkés et les Sousous ou Sosés de race à peu près pure; les Soni-nkés, les Kasso-nkés et les Ouassoulou-nkés, races mélangées de Pouls.

Raconter fidèlement l'histoire de ces peuples serait difficile, aucune de leurs langues n'est écrite et les traditions ne remontent pas assez loin pour permettre d'en tirer des conclusions bien nettes ; du reste, chacune des familles mandingue ou poul a sa propre histoire.

Race Poul. — Ce qui est établi, c'est que la race poul diffère essentiellement de la race mandingue, tant par les mœurs que sous le rapport ethnographique. Le général Faidherbe a, du reste, prouvé dans

Vangaran, Guimbéring et Carabane où ils s'appellent Yolas et Floups. Encore plus au sud, nous avons d'autres familles qui ne peuvent s'assimiler ni à l'élément poul, ni à l'élément mandingue, tels sont : les Balantes et les Bagnouns entre Casamance et Rio-Cachéo : les Bissaos et les Biafares, etc. — Du reste, à l'embouchure de toutes nos rivières du Sud les habitants diffèrent de ceux qui vivent à une ou deux journées de marche à l'intérieur. (D'après les études anthropologiques de Quatrefages, les habitants du littoral de la Sénégambie seraient de même race que les Achanties.) D'où l'on peut déduire que les éléments de cette troisième race constituent les aborigènes du Sénégal ; et que l'occupation du Soudan occidental par les Mandingues et les Pouls est due à des migrations qui se sont produites en Afrique, d'après les mêmes lois qu'en Europe, de l'est à l'ouest, en refoulant devant elles cette troisième race qui s'est arrêtée au littoral.

Il est à regretter que les dialectes de ces divers peuples n'aient pas été l'objet d'études approfondies, qui n'auraient certainement pas manqué de jeter un nouveau jour sur un pays si intéressant.

ses nombreux travaux de linguistique que cette langue
offre des particularités et une richesse de mots que
ne comprennent pas les autres langues du Soudan
occidental; il en conclut que les Pouls sont venus de
l'Est, de la Haute-Égypte, du Darfour ou de la côte
orientale d'Afrique (1).

Race Mandingue. — Pour la race mandingue, on
sait que : « A la fin du xive siècle, ils étaient réunis
en un vaste empire, qui s'étendait dans toute la vallée
du Niger, avec ce fleuve comme limite à l'est, l'Océan
à l'ouest et le Sahara au nord. Si tout ce grand pays
n'était pas soumis à un même homme, il semble à
peu près avéré que les Mandingues seuls l'occupaient.
Leur capitale Melli ou Mali était située, d'après Ebn-
Batuta (1352), entre Tombouctou et le lac Débo (2). »

Cet empire (3) tomba ensuite entre les mains des
Soni-nkés (Mandingo-Pouls) qui firent la conquête
du Kaarta, du Diafounou et qui vinrent s'établir
dans les environs de Bakel. C'est peut-être pendant
leur séjour dans le Kaarta, par leur contact avec les
Maures qui apportaient le sel de Tichit, qu'ils acqui-
rent les remarquables qualités de commerçants qui

---

(1) Faidherbe, *Essai sur la langue poul*; Faidherbe, *Grammaire et vocabuaire de la langue poul*. Paris, Maisonneuve.

(2) Capitaine Piétri, *Les Français au Niger*. Paris, Hachette, 1885.

(3) D'après Barth (édition allemande) la capitale de l'empire
de Mella était située à 2 jours de marche au nord-nord-est
de Nioro. Elle figure sur la carte Vallière sous le nom de
Diara-Jarra (son nom réel est Diaouara ou Diara-Melle).

Cette assertion est absolument contradictoire avec celle
d'Ebn-Batuta citée ci-dessus ; ce qui prouve que l'on n'est
pas du tout fixé sur l'ancien emplacement de la ville de Melle.

les distinguent encore aujourd'hui des autres noirs.

Vers la fin du xviiᵉ siècle, d'après une légende (1) des Mandingues Bambaras ou Bamanas, comme ils se dénomment eux-mêmes, venaient du Torone (pays situé à trente jours de marche de Ségou), sous la conduite de deux chefs Baramangolo et Niangolo (2). Le premier s'arrêta à Ségou, alors gouverné par les Boiré, de la famille des Soni-nkés, et devint deux ans plus tard roi de Ségou. Niangolo traversa le fleuve, longea la rive gauche pendant quatorze jours de marche vers le sud et s'arrêta à un village commerçant nommé Baiko. (Serait-ce le Bamakou d'aujourd'hui?) Ce village était également occupé par des marchands soninkés, qui cédèrent le pouvoir à Niangolo au bout de quelques années, et lui permirent d'étendre sa domination sur le Kéniédougou (Kéniéra actuel, Mourdia, Damfa).

Peu d'années après, les Bambaras du Ségou chassèrent les Bambaras du Kéniédougou et forcèrent ces derniers à se retirer dans le Kaarta et le Nioro. Le pouvoir passa bientôt entre leurs mains, car leur premier chef, Séba-Massa, de la famille des Kouloubali, régnait à Nioro en 1754 (3).

(1) Raffenel, *Voyage au pays des Nègres.* 1840-1845.

(2) D'après une tradition que nous avons eu l'occasion de contrôler, les Bamana seraient venus d'un pays montagneux situé au sud du Ourdougou (environs de Tengréla). Il est peut-être question de cette grande chaîne de montagnes appelée Kong, par les voyageurs; ceci justifierait un peu leur nom de Bamana-nké. *Ba* grand; *mana* falaise, montagne; *nké* homme.

(3) En 1796, Mungo Park cite le nom de Daisé Koro Massassi comme roi du Kaarta.

Leurs villes principales étaient Nioro, Guémou-koura (habité par des Bambaras Kagorotas) et Lakhamané entre Guémou et le Dialafara.

D'après Mungo-Park, les Bambaras-Diaras du Ségou furent longtemps en lutte avec les Kouloubalis du Kaarta; ces luttes ne prirent fin que quelques années avant le voyage de Raffenel (c'est-à-dire vers 1830).

Ce serait, d'après les traditions, vers l'époque des migrations bambaras dans le Kaarta; que le Fouladougou fut évacué par les Deniankés (1), qui émigrèrent d'abord dans le Bondou et ensuite dans le Fouta-Sénégalais. Des Malinkés du Birgo, de la famille des Diakités vinrent se fixer dans le Fouladougou, où ils habitent encore.

Les Kasso-nkés se retirèrent vers le commencement du xixe siècle sur la rive gauche du Sénégal, dans le Khasso, le Logo et le Natiaga.

Les Soni-nkés conservèrent le Diafounou et se fixèrent le long de la rive gauche du Sénégal, de Bakel à Ndiakandapé.

Enfin, de 1855 à 1860, El Hadj Omar, battu par nous à Médine, envahit le Kouniakary, le Nioro, le Kaarta, et obtint la soumission de :

Mamady Kandia (2) Kouloubali Massasi qui gouvernait Nioro.

Maoundé, chef des Bambaras Kagorotas de Gué-

---

(1) Les Deniankés habitaient vraisemblablement les environs de Bangassi ; le massif de Bangassi porte encore actuellement leur nom : Dénian Kourou.

(2) Kandia, surnom qui veut dire *grand cou*.

mou, ainsi que du chef des Béléris de Lakhamané.

Il battit également le roi Ba-Lobo (famille des Diaras) qui commandait les Bambaras du Ségou.

C'en était fait de la puissance des Koulonbalis, dont une partie se réfugia dans le Fouladougou, le Ségou, sur les bords du Sénégal, dans le Bondou et dans les environs de Fatafi (Féléba).

Les Bambaras n'ont plus d'état monarchique, ils se groupent en confédérations comprenant un nombre de villages plus ou moins grand. Dans le Bélédougou, on peut citer Daba, Touroudo, Nonkho, Niékona, Damfa, Doërébougou, Mourdiâ, Mereoïa, etc., comme centres de ces confédérations.

* *

Pays où l'on parle le bambara et le poul. — Une partie du Nioro, le Kaarta, le Dialafara, le Farabougou, le Diangounté, le Bakhounou et le Ségou.

Pays où l'on ne parle que le bambara. — Le Mourdiari, le grand et le petit Bélédougou, l'état de Bamakou.

Pays où l'on parle le malinké. — Le Bambouk, le Nouroukrou, le Farimboula, le Fouladougou, le Gangaran, le Bafing, le Baniakadougou, le Goro et le Birgo.

Pays où l'on parle le kassonké. — Le Kasso, le Logo, le Natiaga.

Pays où l'on parle le mandingue. — Le Manding, le Bouré, le Ouassoulou, le Sankaran et, plus au sud-ouest, le Pakao, le Yacine, le Souna, le Balmadou, le Vouy.

Pays où l'on parle le sousou. — Près de la côte, du Rio-Pongo à Sierra-Léone.

Pays où l'on parle le soninké. — Le Gadiaga, le Guidimakha, le Damga, le Guoye, le Diafounou, le Kingui, ainsi que dans tous les villages diawara du Ségou.

A l'exception des Soni-nkés, tous ces peuples sont rebelles à l'islamisme, qui commence cependant à faire de nombreux prosélytes parmi les Mandingues du sud et les Sousous.

Les peuples énumérés ci-dessus, quoique étant tous de race mandingue et parlant à peu de chose près la même langue, méritent cependant d'être classés au point de vue intellectuel, car ils sont loin de se ressembler sous ce rapport, les mélanges et superpositions de race ayant été favorisés plus encore par le trafic des esclaves que par les migrations successives.

Le Soni-nké, ou Sara-Khollé, ou Marka-nké (1) est un beau noir, de taille moyenne; il est intelligent, nous rend des services comme laptot (marin) et nous fournit d'excellents capitaines de rivière (pilotes); mais il est surtout commerçant.

Grâce à ses relations commerciales, il connaît toutes les langues et peut parcourir le Soudan en

(1) Les Bambaras les appellent Marka-nkés, parce qu'ils ont longtemps habité le Markadougou et y ont encore actuellement quelques villages. Ce pays est situé entre Ségala et Sansanding.

tous sens. Pendant les guerres, il sait faire profiter les belligérants de son trafic en leur procurant armes, munitions, chevaux, etc. C'est l'homme qui sait à la fois se rendre utile aux amis et ennemis sans se compromettre.

Le Kasso-nké et le Mali-nké ne sont pas musulmans, ils sont cultivateurs, chasseurs, mais rarement commerçants. Quoique forts, ils sont indolents et paresseux, rarement ils font de bons soldats. C'est parmi les Kasso-nkés et les Mali-nkés que l'on trouve les types de femmes les plus jolis et en particulier à Lontou, près de Médine et dans les villages du Nouroukrou.

Le Mali-nké du sud, le Mandingue et le Sousou offrent assez de ressemblance avec les Mali-nkés et Kasso-nkés, on peut dire qu'ils tiennent le milieu entre ceux-ci et le Bambara.

De toute la race mandingue, le Bambara ou Bamana (1) est sans conteste la branche la plus intéressante. Il n'existe à proprement parler pas de type national chez eux ; on peut y observer toutes les formes de crâne, depuis la forme prognathe jusqu'à la forme pyramidale, on y trouve même quelques sujets ayant des traits européens. Sa taille est généralement au-dessus de la moyenne, il est fortement charpenté, ses membres sont bien proportionnés, sa physionomie est ouverte, son regard est franc. Ses cheveux sont crépus ; la façon de les porter, ainsi que le tatouage, varient

(1) Le docteur Barth appelle aussi le Bambara : Mandingo. Mellenké, Wakaré, Wakoré, Waraké et Wangaraoua.

suivant la famille. Pour les Kouloubalis, le tatouage consiste en trois cicatrices longitudinales, de la tempe au menton, et sur chaque joue. Ils sont fétichistes.

Les habitations des Bambaras sont en terre et affectent généralement la forme carrée ou rectangulaire ; elles se composent d'une ou deux pièces, le toit est plat et constitué par une charpente en bois, recouverte de terre damée, il est pourvu de gouttières pour l'écoulement des eaux. Des ouvertures sont ménagées dans chaque chambre pour donner de l'air et évacuer la fumée.

A l'intérieur, on remarque une partie surélevée d'environ trente centimètres, elle sert à y installer les nattes pour dormir ou se reposer, d'autres parties surélevées servent de sièges.

Quelquefois les murs sont badigeonnés avec de la cendre délayée ou de la craie rouge ; les dessins très primitifs consistent en poules, mains, pieds, reproduits sur le mur. D'autres fois ce sont des reliefs en terre représentant les seins de l'épouse ou bien de jeunes caïmans dont l'écaille est simulée par des coques d'arachides.

Ce luxe relatif de l'habitation ne se retrouve dans aucune autre famille mandingue ni poul.

Le Bambara construit des ponts en bois sur les routes fréquentées. Il fait du fer et de la poudre ; ce dernier article est l'objet d'une redevance en nature au roi du Ségou.

Ses pirogues sont mieux conditionnées que celles des Mali-nkés, elles sont généralement formées de deux parties, reliées soigneusement ensemble au milieu de la pirogue avec de la corde fabriquée à l'aide du *nda - dou*, chanvre indigène. Quelques-unes de ces pirogues sont assez fortes pour permettre d'y faire entrer un cheval et de le transporter sur l'autre rive du Niger.

Leurs hauts-fourneaux ont un certain perfectionnement, ils sont munis à leur base de tubes d'argile pour le passage de l'air ; on les retire au fur et à mesure que la combustion s'est développée. Quelques-uns sont ceints de lianes, afin de les empêcher d'éclater, ce qui dénote un certain esprit de prévoyance.

Il fait en outre, comme les autres Soudaniens, des étoffes, de l'huile, du savon, du beurre de karité, de la bière de mil, des nattes, des chapeaux et des objets de vannerie.

Il est également commerçant ; comme monnaie, il se sert d'un petit coquillage univalve, appelé caurie (1) ; 2 000 valent 5 francs à Bamakou ; à Mourdia, on en a 2 500 à 3 000 pour 5 francs en argent.

Dans le Kaarta et le Bélédougou, on élève de beaux chevaux.

Comme agriculteur, le Bambara est loin d'être en retard, il irrigue certains bas-fonds pour améliorer sa récolte de riz et purge ses champs en faisant dévorer les insectes par ses poules et poussins qu'il a soin d'emporter dans son lougan quand il y va travailler.

Il connaît le chapon et le mouton.

(1) Ce coquillage est importé par le commerce et vient de nos comptoirs des rivières du sud et de la côte. (On le trouve aux îles Maldives.)

Il est très friand de miel et place des ruches en osier sur certains arbres. D'adroits chasseurs de gros gibier chassent avec des chiens.

C'est également le Bambara qui possède les instruments de musique les mieux perfectionnés. Le *cora*, sorte de harpe à vingt et une cordes, montée sur une calebasse, et le *balafon*, sorte de piano à touches en caïlcédra, sous lesquelles sont suspendues des calebasses de diverses grosseurs, sont des instruments de musique bambara; il en est de même pour le *bourou* (grosse trompe en dent d'éléphant).

Le retour périodique de quelques constellations au-dessus de l'horizon, après le coucher du soleil, n'a pas échappé aux Bambaras; suivant qu'une constellation leur apparaît sous tel ou tel aspect, ils en déduisent que la saison des semailles approche, que l'année sera pluvieuse et que les récoltes en pâtiront ou en bénéficieront. Telles sont : les Pléiades, qu'ils dénomment *Gniougniou-gniougniou*; Cassiopée, qu'ils appellent *Fali-dolo*, et la Grande Ourse, qu'ils appellent *Niamou-dolo*.

Tout ce que nous venons d'énumérer ci-dessus prouve que cette race n'est pas dépourvue d'intelligence, ni privée d'un certain esprit de prévoyance et d'observation qui fait si souvent défaut aux Soudaniens.

Il arrive trop souvent de citer le Toukouleur comme supérieur au Bambara; la chose demande encore à être prouvée.

Il est vrai que le Toukouleur remplit dans nos rangs les fonctions d'interprète, de sous-officier, d'of-

ficier, etc. ; ceci n'a rien qui doive surprendre ; il faut
se rendre compte que c'est l'école des otages, insti-
tuée par le général Faidherbe, quand il était gouver-
neur, et le frottement continuel avec les blancs depuis un demi-siècle qui ont fait d'eux des sujets qui
nous ont rendu des services.

Que l'on rétablisse cette école, qu'on y installe nos
jeunes Bambaras avec lesquels nous ne sommes en
contact que depuis cinq ans à peine et on verra ensuite
si les résultats laissent à désirer. Les progrès des
écoliers de Bamakou ne sont pas décourageants, bien
loin de là ; c'est une des écoles prospères du haut
fleuve. Sous peu, nous aurons l'immense avantage
de pouvoir les employer de préférence aux musulmans, qui, ne pouvant servir deux maîtres à la fois,
nous sacrifient généralement à leur religion.

Les qualités du cœur ne font pas défaut aux Bambaras : ils sont bons, généreux et deviennent rapidement d'utiles auxiliaires pour les blancs qui ont occasion de s'en servir.

Leurs qualités militaires sont incontestables, le Bélédougou et le Mourdiari se sont rapidement affran-
chis du joug des Toukouleurs du Ségou ; leur position
est indépendante vis-à-vis du Nioro et presque hostile
vis-à-vis du Ségou, dans lequel ils font tous les ans
des incursions.

Les fortifications des villages bambaras consistent en
un mur d'enceinte en terre adroitement flanqué à
l'aide de tourelles ou de petits bastions ; l'intérieur
du village forme une série de réduits dont il est quel-

quefois difficile de s'emparer. Certains villages remplacent le mur d'enceinte par un solide palanquement muni de bastionnets, pour flanquer les faces. En avant du corps de place, ils disposent quelquefois avec beaucoup de savoir, des abatis qui rendent la prise du village sinon impossible, du moins fort difficile sans canon.

Raffenel leur prête l'organisation militaire suivante :

En cas de guerre, formation de quatre corps. Le centre est formé par les *Sofas*, troupe d'honneur ; l'aile gauche ou *Noumanboulou*, est formée par les captifs de case (*Wouloussous*) ; l'aile droite ou *Kininboulou* est formée par les captifs de commerce (*Sandion*) ; la réserve ou *Dionkoroboulou* est formée par les vieux captifs (*Dionkoro*).

La cavalerie est peu nombreuse.

Peu de femmes suivent, on ne tolère qu'un nombre très restreint de pileuses par détachement.

On peut dire que, bien conduits, on peut en obtenir tout ce qu'il est possible d'obtenir d'une troupe, tant au point de vue de la marche et des privations, qu'au point de vue de la bravoure et de la discipline.

« Les luttes qu'il a soutenues et soutient encore contre les musulmans prouvent son courage (1). »

*
* *

Les Bambaras ont, comme tous les peuples primitifs, l'organisation de la société par castes.

(1) *Sénégal et Niger ; La France dans l'Afrique occidentale.* Ministère de la Marine.

On y trouve une caste de nobles au-dessus du commun du peuple, ce sont les guerriers ; viennent ensuite les cultivateurs, qui figurent au deuxième rang ; puis les forgerons, cordonniers, tisserands, griots ou chanteurs, qui sont, en quelque sorte, les parias de la société.

Cette condition se perpétue et tel individu né cordonnier ne peut en rien changer sa condition de naissance même en ne pratiquant pas le métier de ses ancêtres.

Ils ne peuvent se marier qu'entre eux, et le mariage d'un guerrier avec une fille de forgeron, de tisserand ou de griot, etc., serait considéré comme une mésalliance.

Voici les noms des principales familles bambaras par castes :

NOMS DES PRINCIPALES FAMILLES BAMBARAS

PAR CASTES

Première famille. — Kouloubalis *Massa-si* (1), famille royale dans laquelle devra être pris le roi; Kouloubalis Kalari, famille royale; Kouloubalis Danibas, Kouloubalis Manas, Kouloubalis Mou Siré, Kouloubalis Siras, Kouloubalis Bakars.

Deuxième famille. — Diaras ou Kountés, Diaras Fissankas, Diaras Barlakaos.

(1) *Si* signifie graine : Graine de Massa, descendant de Sébé-Massa, premier roi du Kaarta, 1754.

Troisième famille. — Konéré ou Kalankou.

Les autres familles importantes sont :

Les Dambélé, Dansira, Sokho, Fofana, Béléris, Kogorotas, Soumanas, Traourés (1), etc., etc.

Noms de famille Mali-nkés. — Keïtas, mambi, branche royale ; Kamaras, Diaguités.

PRINCIPAUX PRÉNOMS

Garçons	*Filles*
Famori (Kouloubali)	Kani (Kouloubali)
Marigo —	Arraba —
Mamadi —	Ténéba (Diara)
Fantogo (Diara)	Donomba —
Dosoma —	Diégué —
Manso —	Kané (Fofana)
Niama —	Nagana —
Bala —	Haoua (Diaguité)
Hamara —	Naré —
Dioungounta (Fofana)	Niama (Dansira)
Diawé —	Sira —
	Mamou (Sokho)
	Yaréoulé (Sokho), etc., etc.

(1) Dans les salutations, quand on connaît le nom de famille d'une personne il suffit de le prononcer pour lui faire un grand honneur ; ainsi en rencontrant un Diara, on le salue simplement par le mot *Diara*.

GRAMMAIRE BAMBARA

Le dialecte que nous allons étudier est celui des Bambaras du Bélédougou et du Kaarta ; il offre beaucoup d'analogie avec le mali-nké et les autres dialectes mandingues, mais sa prononciation est plus brève et n'est pas chantée.

Ainsi les mots mali-nkés :

Karabé (mors), se dit en bambara	*Krabé*
Bélé (bâton), —	—	*Blé*
Foula (deux), —	—	*Fla*
Dolo (bière de mil), —	—	*Dlo*, etc.

DE LA PRONONCIATION

Dj, doit se prononcer comme le *g* dans *giorno*.

G. Le *g* est guttural dans tous les cas comme dans *gorille* et n'est jamais prononcé comme dans *gélatine, gencive*.

Gn, se prononce comme le *gn* dans *agneau, castagnette*.

Kh, se prononce comme le ‎خ *kh* arabe, comme la *jota* espagnole, comme le *ch* allemand après *a* et *o*.

Les autres lettres ont la même valeur qu'en français.
Toutes les lettres doivent se prononcer.

La terminaison *din*, se prononce *dinne*.

L'*r*, le *t* et le *g* à la fin d'un mot doivent toujours être prononcés.

DE L'ARTICLE, DES NOMS COMMUNS ET DES NOMS PROPRES

L'article n'existe pas pour désigner un objet, on en indique simplement le nom. Ex. : *falo*, âne, un âne, l'âne.

Le bambara comme le ouolof n'attribue pas de sexe aux choses inanimées ; pour demander ou parler d'un objet on le fait simplement suivre du verbe : *Ex.* : Apporte de l'eau fraîche : *Dji souma nati*, eau fraîche apporte ; gravis le talus, *konko*, talus, *élé*, gravis ; traverse le fleuve, *Ba*, fleuve, *tégué*, traverse.

Quand il s'agit d'êtres animés, on ajoute au nom les mots mâle ou femelle, *nké, mousso*. Ex. : *Souo-nké*, cheval mâle ; *souo-mousso*, cheval femelle : ces mots ne s'ajoutent que lorsqu'il importe absolument de connaître le sexe.

Les noms composés sont très nombreux, dans beaucoup de cas ils sont formés du nom et de son qualificatif. Ex. : *sadé*, agneau, de *sa*, mouton, *dé*, petit ; le *dé* se retrouve dans beaucoup de mots et veut dire, petit, enfant, fruit.

D'autres qualificatifs tels que *koro*, vieux; *ba*, grand; *tigué*, maître, chef (le *borom* du ouolof); *nké*, homme, servent également à la formation de noms composés. Ex. : *Namakoro*, loup vieux; *ouarba*, lion grand; *saletigué*, de *sale*, impôt, *tigué*, chef; *koungtigué*, de *koung*, tête, *tigué*, chef, chef de colonne; *satigué*, bouc, de *sa*, mouton, *tigué*, maître grand; *garanké* ellier, de *gara*, fil, *nké*, homme qui se sert du; *kalanké*, archer, de *kala*, arc, *nké*, homme qui se sert de l'arc.

On ne retrouve pas, comme dans le poular, le genre hominin et le genre brute (1); les noms de choses et d'êtres animés sont confondus et les terminaisons sont toujours, pour les noms, en *o*, en *a*, en *é*, en *i*, en *ou*, jamais en *r*, *t*, *l*, *m*, etc.

Les noms propres sont le plus souvent composés et comportent jusqu'à trois mots, dont deux verbes et un substantif. Il est quoique cela facile de trouver l'étymologie des noms de village, de contrée, de fleuve, de montagne, etc.

Exemple : *Félou* (chutes du), de *félou*, calebasse, par comparaison aux marmites de géants que les eaux ont creusées au pied des chutes; *Bafoulabé* (confluent), de *ba*, fleuve, *foula*, deux, *bé*, être; *Dioubéba*, de *dioubé*, gué, *ba*, fleuve; *Kobokhotoba*, de *kobo*, arbre, sorte de ficus, *khoto*, vieux, *ba*, grand; *Kégnéko*, de *kégné*, sable, *kô*, rivière; *Toukhoto*, de *tou*, brousse, *khoto*, vieille, impénétrable; *Tombi-*

---

(1) Faidherbe. *Grammaire poul.*

khoto, de *tombi*, tamarinier, *khoto*, vieux ; *Soucou-talé*, de *sou*, village, *couta*, neuf, *lé*, ici ; *Badumbé* de *ba*, fleuve, *dum*, courber, *bé*, être, littéralement : coude du fleuve ; *Djisoumalé* (Guisoumalé), de *dji*, eau, *souma*, fraîche, *lé*, ici ; *Dialiba*, Niger, de *diali*, griot, *ba*, fleuve (fleuve chanté par les griots); *Badou-gou*, de *ba*, grand, *dougou*, village ; *Tombodjina*, de *tombi*, trouver, *dji*, eau, *na*, venir ; *Guinina*, ou *Djinina*, de *dji*, eau, *ni*, ici, *na*, venir ; *Féléba*, de *félé*, regarder, *ba*, grand (belle vue); *Sikoro*, de *si*, village, *koro*, vieux ; *Bélédougou*, de *bélé*, roche ferrugineuse, *dougou*, contrée; *Manaoulé*, de *mana*, falaise, *oulé*, rouge ; *Bakhoy*, de *ba*, fleuve, *khoy*, blanc ; *Bafing*, de *ba*, fleuve, *fing*, noir; *Ba-oulé*, de *ba*, fleuve, *oulé*, rouge.

Pluriel. — Le pluriel des noms se forme en ajoutant le nombre au substantif. Ex.: *sama fla*, *sama saba*, éléphants deux, éléphants trois. Quand on veut parler d'une grande quantité, mais sans fixer le nombre, on se sert de l'adverbe beaucoup. Ex.: beaucoup de chevaux, *souo*, chevaux, *akha sia*, ils sont beaucoup.

Le génitif se forme par l'inversion des deux mots : Ex.: le couteau de Niama, *Niama mourou*, Niama couteau ; les sandales du Maure, *Soulanké sabara*, Maure, souliers.

ADJECTIFS

Le Bambara se sert pour l'emploi des adjectifs, de l'auxiliaire *bé*, être, et du pronom *a*, qui ; il ne dit

pas, homme juste, mais, homme qui est juste. Ex. :
homme juste (homme qui est juste), *nké a bé kénié*;
lait aigre (lait qui est aigre), *nono a bé koumona*;
cheval poussif (cheval qui est poussif), *souo a bé nili-
kili*.

La négation s'obtient en remplaçant *bé* par *man*
Ex. : homme injuste (qui n'est pas juste) se dit : *nké
a man kénié*; de même, lait qui n'est pas aigre se
dit : *nono a man koumona*, cheval qui n'est pas
poussif : *souo a man nili-kili*.

Quelquefois le préfixe *man* est remplacé par *nté*;
dans les adjectifs, nous ne le trouvons employé que
dans les cas suivants : dédaigneux, *a nté kériro*;
imperceptible, *nié a nté dié* (yeux qui ne pas voir),
infini, *a nté banta*.

Quelquefois l'adjectif est gouverné par l'auxiliaire
avoir (*kha*); il est alors employé en remplacement d'un
nom. Ex. : Parole injurieuse (qui a de l'injure), *kouma
a kha niéni* (parole qui a injure); homme in-
trépide, *nké a kha fari* (homme qui a intrépidité);
homme intelligent, *nké a kha kéou* (homme qui a
intelligence).

La négation de ces adjectifs s'obtient en remplaçant
kha par *man* comme dans le cas précédent. Dans le
vocabulaire, on trouvera les adjectifs annotés de l'auxiliaire qui les gouverne. *a bé* ou *a kha*.

Un certain nombre d'adjectifs, parmi lesquels
figurent toutes les couleurs, font exception aux deux
règles ci-dessus; ils s'ajoutent au nom sans auxiliaire
dans la forme affirmative, mais reviennent dans la

négation au verbe *a man*. Ex. : fil rouge, *gara oulé* ; ce fil n'est pas rouge, *ni gara a man oulé* (ce fil qui n'est pas rouge).

Ce sont : *dougouma*, bas ; *dié*, blanc ; *tiguéla* bleu ; *kousou nkhala*, bleu et blanc ; *bassala*, brun ; *fara-oro*, carmin ; *ouoyo*, courant ; *niato*, direct ; *ntonia*, exact ; *mousso*, femelle ; *nouman*, gauche ; *sankho*, haut ; *diatigué*, hospitalier ; *sarakhatigui*, humain ; *basikhoy*, jaune ; *nké*, mâle ; *karo kou karo a bé nala*, mensuel ; *kouta*, neuf ; *fing*, noir ; *oulé*, rouge ; *sasa*, soudain ; *siguiyoro*, stagnant ; *ntonia*, véridique ; *kini*, droite.

L'adjectif est invariable au pluriel, il se place toujours après le nombre. Ex. : Ces deux bœufs gras, *ni misso fla a bé tléba* (ces bœufs deux qui sont gras).

NUMÉRATION

Contrairement aux Ouolofs et aux Pouls, qui comptent d'abord jusqu'à cinq et qui disent ensuite cinq et un, cinq et deux, etc., le Bambara désigne chacun des nombres de un à dix par un nom différent. *Kilé*, un ; *fla*, deux ; *saba*, trois ; *nani*, quatre ; *loulou* ou *doulou*, cinq, qui vient du mot main (*mboulou*) ; *ouoro*, six ; *ouorongla*, sept ; *sagui*, huit ; *khononto*, neuf et *tan*, dix, qui vient de *tanon*, remercier, donner des deux mains.

On ajoute ensuite a *tan*, suivi de *i* (et, conjonction), les neuf premiers nombres : Ex. : *Tan i kilé*, dix et un ; *tan i fla*, dix et deux, etc. ; vingt se dit *tan foula* dizaines deux ; trente, *tan saba*, etc., jusqu'à quatre-vingts qui se dit *kémé*. On dit aussi pour vingt *mougou* ; trente, *mougounta* (mougouitan) ; quarante, *débé* ; cinquante, *débenta* (débé i tan) ; soixante, *mantiémé* ; soixante-dix, *man-tié manta* ; quatre-vingts, *kémé* ; quatre-vingt-dix, *kémé nta* ; cent, *kémé mougou*, etc.

Pour compter, c'est à partir de 80 que la série recommence, absolument comme en français après la centaine. Deux cents se dit : *kémé foula i débé*, c'est-à-dire : deux quatre-vingts et quarante. Huit cents se dit : *ba kémé*, grand quatre-vingts ; mille, se dit : *bakélé i kéméfoula i débé*, c'est-à-dire, huit cents et deux quatre-vingts et quarante.

Quelle est la raison pour laquelle le Bambara compte par quatre-vingts ? Nous n'avons pu obtenir aucun éclaircissement à ce sujet, ni auprès des diulas (1), ni auprès des niarés (2) de Bamakou (3).

Les nombres ordinaux se forment avec les nombres cardinaux auxquels on ajoute *na*. Ex. : *nanina, loulouna*, quatrième, cinquième. Font exception à cette règle : premier, deuxième et dernier.

---

(1) Marchand (généralement Soni-nké).
(2) Marchands de Bamakou (issus de l'alliance le Maures avec des Soni-nkés ou des Bambaras).
(3) Le docteur Barth cite plusieurs marchés du Bournou où l'on compte par 8, 16, 24, 80, etc.

Premier, *folofolonana* ; deuxième, *anokanda* ;
dernier, *tourabéko*.

Une fois, deux fois, se forment en faisant précéder
le nombre de *kou*. Ex. : *koufla, kou saba, kou nani*.

PRONOMS

Les pronoms possesifs et personnels et les adjectifs
possessifs sont représentés par le même mot en bambara.

je, moi, mon, mien	*nté*.
tu, toi, ton, tien	*i*
il ou elle, lui, son, sien	*a*

Le pluriel des deux premières personnes se forme
en ajoutant *lou*.

nous, nos, nôtre	*ntélou*
vous, vos, vôtre	*ilou*

La troisième personne du pluriel : ils, eux, leur, se
dit : *nimbé*. Quand dans une phrase il y a lieu de
répéter *nimbé*, on le remplace par *a*.

VERBES

L'*infinitif* est rarement employé par les Bambaras
et le plus souvent avec le verbe *gnigni*, vouloir, employé au premier temps (présent). Ex. : Je veux
partir; *nté gnigni takha*.

Le verbe bambara comporte trois temps : le présent,
le futur, le passé et le mode impératif.

Verbe *Takha* (aller, partir).

1er temps. — **Présent.**

nté takha,	je vais, je pars.
i takha,	tu vas, tu pars.
a takha,	il va, il part.
ntélou takha,	nous allons, nous partons.
ilou takha,	vous allez, vous partez.
nimbé takha,	ils vont, ils partent.

Ce temps est très facile à former, il n'y a qu'à faire précéder l'infinitif du pronom personnel ; il implique l'idée d'une exécution immédiate, irrévocable.

2e temps. — **Futur.**

nté takhata,	j'irai, je partirai.
i takhata,	tu iras, tu partiras.
a takhata,	il ira, il partira.
ntélou takhata,	nous irons, nous partirons.
ilou takhata,	vous irez, vous partirez.
nimbé takhata,	ils iront, ils partiront.

Ce temps se forme en ajoutant *ta* au présent.

3e temps. — **Passé.**

nté a bé takha,	je suis allé, j'étais allé, j'allais.
i a bé takha,	tu es allé, tu étais allé, tu allais.
a bé takha,	il est allé, il était allé, il allait.
ntélou a bé takha,	nous sommes allés, nous étions allés, nous allions.
ilou a bé takha,	vous êtes allés, vous étiez allés, vous alliez.
nimbé a bé takha,	ils sont allés, ils étaient allés, ils allaient.

Ce troisième temps remplace tous les temps passés, imparfait, passé indéfini, plus-que-parfait, etc. Il se forme à l'aide d'un auxiliaire, être ou avoir que nous avons déjà vu dans les adjectifs (*bé, kha*), à toutes les personnes il s'emploie sous forme de troisième personne du singulier. *Ex.* : *a bé takha,* il est allé, et le sujet est double.

nté, a bé takha,	moi, il est allé, il est parti.
i, a bé takha,	toi, il est allé, il est parti.
a, a bé takha,	il, lui, il est allé, il est parti.
souo, a bé takha,	cheval, il est allé, il est parti.

Du reste le bambara traduit fidèlement sa pensée en vous disant : *Samba (il a partir)* et qu'il veut vous dire qu'il a été quelque part.

MODE IMPÉRATIF

takha, va-t'en, pars.

Ce mode ne comprend qu'une personne, qui s'applique indifféremment à la deuxième personne du singulier ou à la première et deuxième personne du pluriel.

Pour la forme interrogative, on ne peut la reconnaître qu'à l'intonation qui diffère légèrement et à laquelle on se familiarise rapidement.

Les verbes sont assez nombreux, le vocabulaire en contient environ quatre cent cinquante ou cinq cents, qui sont annotés de l'auxiliaire avec lequel il faut conjuguer le présent et le futur. Ils sont tous terminés par une voyelle. Beaucoup d'entre eux sont des mots composés tels que : monter ou aller à cheval, *élésouoko* (*élé*, gravir; *souo*, cheval; *kô*, derrière);

boucher, *datougou* (de *da*; porte, ouverture; *tougou*, fermer); cracher, *Dadjibo* (de *da*, bouche; *dji*, eau; *bo*, sortir); etc.

Verbe *Dadjibo*, cracher (auxiliaire *kha*).

1er temps. — **Présent.**

nté dadjibo,	je crache.
i dadjibo,	tu craches.
a dadjibo,	il crache.
ntélou dadjibo.	nous crachons.
ilou dadjibo,	vous crachez.
nimbé dadjibo,	ils crachent.

2e temps. — **Futur.**

nté dadjibota,	je cracherai.
i dadjibota,	tu cracheras.
a dadjibota,	il crachera.
ntélou dadjibota,	nous cracherons.
ilou dadjibota,	vous cracherez.
nimbé dadjibota,	ils cracheront.

3e temps. — **Passé.**

nté a kha dadjibo,	j'ai craché, j'avais craché.
i a kha dadjibo,	tu as craché, tu avais craché.
a a kha dadjibo,	il a craché, il avait craché.
ntélou a kha dadjibo,	nous avons craché, nous avions craché.
ilou a kha dadjibo,	vous avez craché, vous aviez craché.
nimbé a kha dadjibo,	ils ont craché, ils avaient craché.

MODE IMPÉRATIF

dadjibo,	crache.

Verbe négatif *Takha*(*nté*), ne pas partir, ne pas aller.

1er temps. — Présent.

nté a té takha,	je ne pars pas.
i a té takha,	tu ne pars pas.
a a té takha,	il ne part pas.
ntélou a té takha,	nous ne partons pas.
ilou a té takha,	vous ne partez pas.
nimbé a té takha,	ils ne partent pas.

2e temps. — Futur.

nté a té takhata,	je ne partirai pas.
i a té takhata,	tu ne partiras pas.
a a té takhata,	il ne partira pas.
ntélou a té takhata,	nous ne partirons pas.
ilou a té takhata,	vous ne partirez pas.
nimbé a té takhata,	ils ne partiront pas.

3e temps. — Passé.

nté a man takha,	je ne suis pas parti, je n'étais pas parti.
i a man takha,	tu n'es pas parti, tu n'étais pas parti.
a a man takha,	il n'est pas parti, il n'était pas parti.
ntélou a man takha,	nous ne sommes pas partis, nous n'étions pas partis.
ilou a man takha,	vous n'êtes pas partis, vous n'étiez pas partis.
nimbé a man takha,	ils ne sont pas partis, ils n'étaient pas partis.

IMPÉRATIF

takhanté,	ne pars pas.

Verbe négatif *Dadjibo* (*a man*), ne pas cracher.

1er temps. — Présent.

nté a man dadjibo,	je ne crache pas.
i a man dadjibo,	tu ne craches pas.
a a man dadjibo,	il ne crache pas.
ntélou a man dadjibo,	nous ne crachons pas.
ilou a man dadjibo,	vous ne crachez pas.
nimbé a man dadjibo,	ils ne crachent pas.

2e temps. — Futur.

nté a man dadjibota,	je ne cracherai pas.
i a man dadjibota,	tu ne cracheras pas.
a a man dadjibota,	il ne crachera pas.
ntélou a man dadjibota,	nous ne cracherons pas.
ilou a man dadjibota,	vous ne cracherez pas.
nimbé a man dadjibota,	ils ne cracheront pas.

3e temps. — Passé.

nté a nté dadjibo,	je n'ai pas craché, je n'avais pas craché.
i a nté dadjibo,	tu n'as pas craché, tu n'avais pas craché.
a a nté dadjibo,	il n'a pas craché, il n'avait pas craché.
ntélou a nté dadjibo,	nous n'avons pas craché, nous n'avions pas craché.
ilou a nté dadjibo,	vous n'avez pas craché, vous n'aviez pas craché.
nimbé a nté dadjibo,	ils n'ont pas craché, ils n'avaient pas craché.

MODE IMPÉRATIF

a man dadjibo,	ne crache pas.

RÈGLE. — Pour conjuguer un verbe négatif qui demande dans l'affirmatif l'auxiliaire *bé* pour les deux premiers temps et l'impératif, se servir de la négation *nté*; (l'*n* est toujours sous-entendu); pour le passé, au contraire, faire emploi de la négation *man*.

Pour conjuguer un verbe négatif qui demande dans l'affirmatif l'auxiliaire *kha* pour les deux premiers temps et l'impératif, se servir de la négation *man*; pour le passé, au contraire, faire emploi de la négation *nté*.

PRÉPOSITIONS, CONJONCTIONS, ADVERBES

Les prépositions et les conjonctions sont peu nombreuses, le Bambara s'en sert rarement; il n'en est pas de même des adverbes qui sont assez nombreux, mais dont l'étude est simplifiée par la négation *a man*. Ex. : *a kha sia*, beaucoup; *a man sia*, peu; là, *a nté dian*; ici, *a bé dian*; mieux, *a kha di bété*; pas mieux, *a man di bété*, etc.

SYNTAXE

Le Bambara est d'une simplicité extrême comme syntaxe; nous avons déjà vu la formation du génitif et des pluriels dans laquelle le nom qui désigne le possesseur est le premier. Ex. : le couteau de Niama, *Niama mourou*.

Les verbes sont, en général, suivis immédiatement

du nom qui complète leur sens. Ex. : *nati dji* (1)
apporte-eau ; il n'y a ni article ni préposition, *takke*
dianfé, va là-bas. Quand un nom se répète dans une
phrase, on peut le remplacer par *la* dans quelques
cas (2).

Nté, je, *a man bo*, ne suis pas sorti, ma, *nté*
boung-o, maison.

Sankalima, le tonnerre, *a bé abi*, est tombé
sangkhoto, sur, *boung-o*, case.

Samba, samba, *a kouma*, il parle, *i*, ton, *fa*, père.

Ilou, vous, *a man né*, ne pouvez pas, *nala*, arriver,
Ségou, Ségou.

Nimbé, ils, *a kha fenté*, ils m'ont frappé, *nté*,
mon, *kono*, ventre.

On voit par ces quelques exemples que la construction des phrases en bambara est d'une simplicité
surprenante et que, muni d'un vocabulaire, on peut
construire toutes les phrases et se rendre intelligible.
Les phrases comprennent le sujet, le verbe, l'attribut,
ne sont pas reliées entre elles, et ne comprennent pas
d'inversions.

Dans le chapitre suivant, nous donnons la traduction
d'une centaine de phrases, ce sont celles de la grammaire poul, du général Faidherbe.

Comme tous les dialectes du Soudan occidental, le
bambara n'est pas une langue écrite. Les quelques
Bambaras, Soumanos et Niarés (familles commer-

(1) On peut également dire : *Dji nati*, eau apporté ; *Konko*
élé, talus gravis.
(2) Voir les phrases.

çantes du Niger), qui par leurs relations commerciales sont en contact avec Timboucton et les Maures se servent des caractères arabes pour écrire leur langue; pour correspondre ils adjoignent certains signes à ces lettres, plus ou moins tronquées.

Ce système est en somme assez simple, mais la formation des lettres laisse trop souvent à désirer, de sorte qu'au bout d'un certain temps, le destinataire et même l'expéditeur ont de la peine à déchiffrer leur propre correspondance.

Voici les signes, ils se lisent de droite à gauche (1) :

فرست	صعبص	كلمز	حطى	هوز	الجح
T S R G	D F H S	N M L K	Y T H	Z W H	D Z H A
400 300 200 100	90 80 70 60	50 40 30 20	10 9 8	7 6 5	4 3 2 1

ظغش	خح
s KH s	D KH s
1000 900 800	700 600 500

La numération écrite est formée d'après la place que la lettre occupe dans l'alphabet, comme l'on peut s'en rendre compte ci-dessus.

Pour écrire on se sert de roseaux ou de tiges de mil adroitement taillés en plume. L'encre est obtenue en faisant infuser des fruits d'une espèce particulière dans de l'eau avec adjonction de gomme. Le papier

(1) Les mots arabes donnés ci-dessus comme spécimen sont en caractères mogrébins. Plus loin (p. 33) je donne le fac-similé de l'écriture des mêmes textes, d'après les manuscrits que j'ai pu me procurer.

est pour nous un objet de commerce. Les jeunes indigènes écoliers se servent d'une planche lisse en bois de fromager. Cette planche peut servir indéfiniment en la lavant et en la grattant très légèrement.

Voici comment l'on obtient les voyelles et syllabes :

Le signe ⁻ placé au-dessus de la lettre équivaut à *a*. Ex. :

فَرَ	صَعَقَضَ	كَلَمَنَ	حَطَصَى	هَوَزَ	أَجَحَ
Ra Ga	Da Fa Ha Sa	Na Ma La Ka	Ya Ta Ha	Za Wa Ha	Da Za Ba A

سَخَثَش	طَخَجَ	سَتَ
Sa Kha Tha	Dha Kha Sa	Ta Sa

Le double trait ˝ au-dessus de la lettre se prononce *ane*. Ex. :

فَرّ	لَمَنّ	بَحَجّ
Rane Gane	Nane Mane Lane	Dane Zane Bane

Le trait simple ⁻ au-dessous de la lettre vaut *i*. Ex. :

فِشِ	كِلِمِنِ	بِزِ
Si Khi	Ni Mi Li Ki	Zi Bi

Le double trait ⸗ sous la lettre vaut *ine*. Ex. :

فِشِ	كِلِمِنِ
Sine Khine	Nine Mine Line Kine

Le signe ' placé sur une lettre vaut *ou*. Ex. :

كُلُمُ فُرُ

Rou Gou — Dou Mou Lou Kou

Le double signe " au-dessus d'une lettre vaut *oune*.
Ex. :

فُرٌ كُلُمٌ

Roune Goune — Noune Moune Loune Koune

Le signe ° placé au-dessus d'une lettre annotée
des signes ˉ, (a au-dessus) ˍ, (i en-dessous) vaut *il*,
al, etc. Ex. :

لِمِ كَلَمٌ

il im — an am al al

Exemples :

فُطِفٌ فُلَدُفٌ

gou dou la fou — gui ti gou dou

Fouladougou Dougoutigui (chef de village).

دَلِبَ بَمَكٌ

ba li Dia — Kou ma Ba

Dialiba Bamakô

مُرْفُلَ لَمِمْ

la gou r mou — mi ma il

Mourgoula almamij

SPÉCIMEN DE CALLIGRAPHIE SÉNÉGALAISE

PHRASES

.

PHRASES

Les Maures sont entrés dans le Markadougou ; ils ont démoli le tata de Marka et tué tous les habitants.

Ta jument est belle, si tu veux me la vendre, je t'en donnerai cinquante pièces de guinée et un fusil à deux coups.

La pirogue a chaviré, soutiens-moi (sur l'eau).

L'eau est chaude, ne crains rien ; ne viens pas par ici, il y a beaucoup de vase.

PHRASES

Soulankhé a kha dou markadougou, nimbé a
Maures   ils sont entrés Markadougou, ceux-là ils

bé tila Marka tata ni fakha ouoloyoro abée.
ont démoli Marka tata et tué   habitants tous.

I soumousso a kha gni, i assan nté, ba-
Ta   jument   elle est belle, toi vendre moi, pièces

guifing débenta ni dafoula nté ndimata.
de guinée cinquante et fusil à 2 coups moi donnerai.

Koulondé a bé tounouna, i nté ména i
Pirogue   elle est chavirée, toi moi soutenir avec

blo.
mains.

Dji a kha goin, i, a man bissira, i a man
Eau, elle a chaleur, toi, il n'a pas peur, toi il n'a pas

na dian, a bé dengaino a kha sia.
venir ici, il est vase (beaucoup).

Ne me trompe pas, nous ferons ce que tu voudras.

Le soleil brûle, je sue, j'ai soif.

Les gens de Médine ont battu les cavaliers Toukouleurs.

Comment vont ta femme et tes enfants?

Veux-tu rester jusqu'à demain matin? — Non.

Va en paix.

Venez, ne craignez rien, nous ne vous ferons pas de mal.

Appelle le chef de village. — Chef de village, viens ici.

I a man néné nté, ntélou hé abée i
Toi il ne pas tromper moi, nous ferons tout toi
gnignita.
voudras.

Tili a kha goin, nté tla, dji lokho a bé na.
Soleil il a chaleur, je sue, la soif, il est venu.

Médina-nkés a kha goué Toukoulor soutigui.
Médine gens ils ont battu Toukouleurs cavaliers.

I mousso ni dé, a kha kendé?
Ta femme et enfants, ils ont (bonne santé)?

I gnigni sigui bé sini soukhoma? — Ein-
Tu veux rester jusque demain matin? — Non-
ein.
non.

Takha i dia.
Va avec paix.

Na, i a man bissira, ntelou a man ke
Viens, toi, il n'a pas peur, nous, ils ne pas faire
fen nté.
chose rien.

Kili dougoutigui. — Dougoutigui, i a kha
Appelle chef de village. — Chef de village, toi il a
na.
venir.

Samory a dit au Mambi : Donne-moi du lait et du mil ou je brûle ton village.

Si les Diaras ne nous reçoivent pas dans leur village, le roi du Kaarta les punira.

Cette année, la terre est très sèche, il n'y a pas d'arachides ni de mil.

Cette enfant est ta fille?

Oui, elle va se marier dans un mois.

Ma fille aînée est mariée depuis trois ans, elle a deux enfants.

Entre, tu boiras du lait.

Samory, a kha kouma Mambi, nono kendé ni
Samory, il a parlé Mambi, lait frais et

nion i adima nté, ouala nté diani galo.
mil toi donne moi, ou je brûle village.

Gni Diara ntélou mouta nté kono galo, fama
Si Diaras nous reçoivent pas, dans village, roi

Kaarta a kha gossita nimbé.
Kaarta il va punir eux.

Gni sang, bankou a man kou, tigo
Cette année, terre elle a sécheresse, arachides

ni nion a man sota.
et mil il ne pas avoir.

Gni dé, i bé mousso la?
Cette enfant, elle est fille toi?

Iyo, tili kilé a bé fourouta.
Oui, mois un elle se mariera.

Nté moussodé denflo a bé fourou sang saba
Ma enfant fille aînée elle est mariée ans trois

dé fla a bé sota.
enfants deux elle a.

I dou, nono i mita.
Tu entres, lait toi boiras.

Je suis blessé d'une balle dans le ventre et d'un coup de lance dans l'œil.

Portez-moi là. — Merci. — Maintenant allez vous battre.

Qui a dit que les Bambaras ont attaqué Nioro?

C'est un Sarrakollé qui vient de Badumbé, il a rencontré des Maures qui le lui ont dit à Toukoto.

Samory fait la guerre au Birgo.

Les Bambaras sont réunis dans le Bélédougou, le roi les commande, ils ont tous des fusils.

Néguédé nté sota nougou kono, ni mbou tama
Balle   moi   ai   entrailles dans,   et   blessé   lance

kono nian.
dans   l'œil.

Ilou tanae nté dianfé, — Mbâ, — Minto
Vous portez moi là-bas. — Merci, — maintenant

takha kellé.
allez   battre.

Gni kouma Bambara kelle ni Nioro?
Qui   dire   Bambara battre avec Nioro?

A bé Marka-nké. a bé boré Badumbé a bé
C'est un Markanké,   il   est   venu Badumbé il a

béna   Soulankés gni   a   kha kouma.
rencontré Maures   qui   lui   ont   dit.

Samory a kellé ni Birgo.
Samory il se bat avec Birgo.

Bambaras a kafou-niokhoma kono Bélédougou,
Bambaras ils   s'assemblent   dans Bélédougou,

nimbé fama a bé koungtigui, marfa a sota
 leur   roi il est chef de colonne, fusils ils ont

abée.
tous.

Ils ont pris douze captifs et trois cents bœufs.

Dis-lui qu'il vienne me voir demain.

Son frère sait parler le soninké.

Vous autres blancs, vous avez tous de l'argent.

Eh! l'homme, viens ici, ouvre la porte, entre.

Ce n'est pas vrai, tu parleras de cela après-demain.

Ils ne refusent pas de nous laisser prendre de l'eau à leur puits.

Donne-moi vingt hommes pour nous conduire au Baoulé.

Nimbé a kha ména dion tan i foula ni missé
Eux, ils ont pris captifs   douze   et bœufs

kémé saba i mantiémé.
$$80 \times 3 + 60 = 300.$$

I kouma : sini na dian.
Toi dis : demain viens ici.

A doua a kodo soninké.
Son frère, il sait soninké.

Gni tubabulengo, ouory a sota abée.
Ces européens rouges, argent ils ont tous.

Hé,   nké mokho,   na dian, da élé,
Eh, homme âgé (respectable), viens ici, porte ouvre

i doun.
toi entre.

Ntonia nté,   sini-kinding i a koumata.
Ce n'est pas vrai, après-demain toi il parlera.

Nimbé, a man   bali, dji   nati
Ils,   ils ne pas refusent, eau prendre (aller cher-

kono koulou la.
cher) dans puits leur.

Nkés mougou i a dima, nimbé nté takha
Hommes 20   toi il donne,   ils   moi aller

manto   bé   Baoulé.
conduire jusqu'au Baoulé.

Tu sais qu'ayant une longue route à faire, je ne puis pas emporter beaucoup de marchandises, parce qu'il faut porter des vivres.

Reposons-nous à l'ombre de ce ficus.

On compte dix jours de Goniokory à Bamakou. La route est bonne, mais il y a beaucoup de marigots à passer.

Dis à ces gens que s'ils nous suivent, nous tirerons sur eux.

Je n'ai pas dormi cette nuit, les moustiques ne m'ont pas laissé un instant tranquille.

Levez-vous, il ne pleuvra plus, nous allons partir.

Sila doula dian, nté a man tanaé nafoulou,
Chemin très long, je il ne pas porte marchandises

nté tanaé sérafana doron.
je porte vivres seulement.

Ntélou nionio khang kobokoro.
Nous reposons sous ficus vieux.

Tili tan a bé dan Goniokory ni Bamako.
Jours 10 il est compté Goniokory avec Bamako.

Sila a kha gni, ko tégué a kha sia bété.
Route elle est bonne, marigots traverser (beaucoup).

Kouma: gni nkés ntélou a mbatoundo, ntélou
Parle : si hommes nous suivent, nous

a akhossita nimbé.
tirerons eux.

Soukhô, nté a man sinokho, sousouo nté
Nuit passée, je il n'a pas dormi, moustiques moi

a man blo sabarilé.
il n'a pas laissé tranquille.

Ouli, sang dji a man nata, ntélou a takha
Levez-vous, ciel eau il ne pas vient, nous partons

sasa.
de suite.

Vous n'arriverez pas à Ségou, avant la saison des pluies.

Tiens, voilà du tabac à priser.

Prête-moi ta pirogue pour traverser ce marigot, je te donnerai de la poudre.

J'ai très faim, je n'ai pas mangé hier soir.

Asseyez-vous, j'ai tué un agneau pour vous.

La pirogue est trop chargée, l'eau y entre, pagaie fort.

D'où viennent ces malinkés? — Ils viennent du Bouré, vendre de l'or.

Ilou, a man nalata Ségou, niato sanio
Vous, ils ne pas arriveront Ségou, avant saison
       a nata.
des pluies elle viendra.

Nta, sira nté ndima la.
Tiens, tabac je donne toi.

Kouloudé i fouma, nté ba tégué, bouna nté
 Pirogue toi prête, je rivière passe, poudre je

ndimata.
donnerai.

Konkho bé na, kounou ourara nté a man
La faim est venue, hier soirée je, il n'a pas
doumouni.
    mangé.

Siguila, nté sadé a bé fakha mémo ilou.
 Restez, je agneau il a tué pour vous.

 Fen a bé kono kouloudé a kha gouli, dji
Choses qui sont dans pirogue elles sont lourdes eau

 a nata, diégala taria.
elle entrera, pagaie vite.

Gni Mali-nkés, a bé boré minto? A boré
Ces Malinkés ils viennent maintenant? Ils reviennent

Bouré, sannou assan.
Bouré, or vendre.

Ne vois-tu pas cette perdrix? Tire! La perdrix est tombée, cours la chercher.

Les marabouts écrivent en bambara avec les lettres arabes.

Apprends-moi le bambara, je t'apprendrai le français.

J'ai la fièvre, je vais dormir dans ta case.

Je lui donnerai cinq pièces de guinée, quand nous serons arrivés.

Si le chef de village me demande, dis que je suis malade.

Tu demandes trop, je ne veux pas.

Ouolo a man dié? Akhossi! Ouolo a bé
Perdrix, il n'a pas vu.   Tire ! Perdrix elle est

    abi, bori i gnignita la.
tombée, cours tu chercheras elle.

Morikés a safa Bambara ni sébéfira.
Marabouts ils écrivent Bambara avec lettres.
soula-nkés
maures (arabes).

I ndigué nté Bambara, nté diguéta i fran-
Tu apprends moi Bambara, moi apprendrai toi fran-
çais.
çais.

Nté sota goin, nté takha sinokho kono i bong-o.
Je ai fièvre, je vais dormir dans ta case.

    Baguifing loulou nté ndimata, nétoumana
Pièces de guinée cinq je donnerai lorsque
ntélou a nalata.
nous arriverons.

Gni dougoutigui a nata nté gnignita kouma,
Si chef de village il viendra moi demander parle,
nté a man kendé.
je il est malade.

I gnignika siata, nté a man ké.
Tu demandes trop, je il ne pas veut.

Donne-moi deux chameaux et deux hommes moi je monterai sur un bœuf porteur.

Si nous n'avons pas de pirogue nous traverserons la rivière en nageant.

Nous avons froid, allumez du feu pour que nous nous chauffions.

Tu es notre hôte, tu ne dois pas laisser voler nos affaires.

Quand nous serons à Khayes; je les récompenserai bien.

Tirons la pirogue à terre, nous partirons à cheval.

Nioma fla, ni dion fla i a dima nté
Chameaux deux et captifs deux toi il donne je

    éléta tamé khô.
monterai bœuf porteur sur.

Gni kouloudé a man sota, ntélou a bé neouta
  Si pirogue il n'a pas, nous il est nager

memo ko tégué.
pour rivière passer.

Ntélou a kha néné, gani ména mémo ntélou
Nous ils ont froid, feu allume pour nous

diali.
chauffer.

I diatigué ntélou, i a man blo sounia
Toi hôte nôtre, tu il n'a pas laisser prendre

  nafoulou ntélou.
marchandises nos.

  Gni a natata Khayes, nté a bé sara
Quand ils arriveront Khayes, je il est récompenser

nimbé boumba.
eux beaucoup (bien).

Assama kouloudé dianfé, ntélou takhata élé
  Tirons pirogue là-bas, nous partirons à

souoko.
cheval.

Tu as manqué cette antilope. Ton fusil est bon, mais tu ne tires pas bien.

Ce cheval ne marche pas vite, il ne me plaît pas.

Quel est ce Maure qui a causé avec ton père ?

C'est un Trarza, il est mon ami.

Je n'ai plus ni poudre ni plomb.

Aujourd'hui tu as la fièvre, ce soir tu avaleras cela.

De quel pays es-tu ? Quel âge as-tu ?

Comment vas-tu ? Où vas-tu ?

Comment dit-on en bambara ?

Dis à ton domestique de porter de suite cette lettre à Kita.

I a man ména sisi,   i marfa a kha gni,
Toi il n'a pas attrapé antilope, ton fusil il est bon,

nkha i a man khossi kou bété.
mais toi il n'a pas tiré bien.

Gni souo takha dcni-doni, a man déa nté.
Ce cheval marche doucement, il ne pas plaît moi.

Moun soula-nké a bé kouma i fa?
Quel est maure qui a parlé ton père?

A bé Tararza, ntergué la.
Il est Trarza, ami moi.

Bouné ni néguédé a man sota?
Poudre et plomb il ne pas a?

Bi,   i a kha goin, ourara i khounouta gni.
Aujourd'hui, toi il a fièvre, ce soir toi avaleras cela.

Alou la dougou? — Moun sang i a kha sota?
Où est ta contrée? — Combien ans tu il a?

I a kha kendé? — I alou takha minto?
Toi il a bien portant? — Toi où aller maintenant?

Moun kouma Bambara?
Comment parler Bambara?

Kouma i korosigui; takha tanaé bataké sasa
 Parle ton domestique, va porter lettre de suite

Kita.
Kita.

Dix cavaliers arrivent pour nous tomber dessus.

Je vais m'abriter du soleil sous ce vieux tamarinier.

Accepte, c'est excellent.

Tout le monde le sait.

Ils ont payé l'impôt.

Comment t'appelles tu? Comment s'appelle-t-il?

Je ne suis pas content de cette chose.

Ou est allé Samba?

Va-t-il revenir de suite?

Où est le chemin de Niamima?

Soutigui tan a nala mémo ména
Cavaliers 10 ils arrivent pour tomber (attraper)

ntélou.
nous.

Nté a takha sésoumakoro khang tombi
Je il pars m'abriter du soleil sous tamarinier

khoto.
vieux.

Ména a kha dia bété.
Accepte, il est excellent.

Nké abée, a kha gnilon.
Hommes tous, ils ont savoir.

Nimbé a bé ounsara sale.
Eux, ils ont payé impôt.

I a ntokho? Gni a ntokho?
Toi il s'appelle? Lui il s'appelle?

Nté a man di-bissa gni fen.
Je il ne pas content cette chose.

Alou Samba a bé takha?
Où Samba il est allé.

Samba a bé nala sasa?
Samba il est revenir de suite?

Alou la sila Niamina?
Où est chemin Niamina?

J'ai faim, j'ai soif.

La foudre est tombée sur cette case, elle a tué un enfant.

L'almamy de Mourgoula est parti dans le Nioro.

Le soir, il y a beaucoup d'étrangers dans le village.

Éveillez-vous, partez de suite là-bas.

Que dit-il? Il dit qu'il n'y a pas d'eau sur cette route.

Ils demandent la paix.

Vous savez que la route est longue.

Cela me fait beaucoup de peine.

Il y a trois jours que je ne suis sorti de ma maison.

Khonkho a bé na, djilokho a bé na.
Faim il est venir, soif il est venir.

Sankalima, a bé abi sangkhoto boungo, a bé
Foudre elle est tombée sur case elle a

fakha dé kili.
tué enfant un.

Almamy Mourgoula a bé takha Nioro.
Almamy Mourgoula il est parti Nioro.

Ourara a bé bi, nabado a kha sia a kha
Soirée (tous les jours) étrangers (beaucoup) il y

sola kono sou.
a dans village.

Ouli, takha sasa dianfé.
Levez-vous allez de suite là-bas.

A kho di?—A kho, sila a man dji béna.
Que dit-il? Il dit, chemin il n'a pas eau rencontrer.

Nimbé, a gnignika dia.
Eux, ils demandent paix.

Ilou a gnilou sila doula dian.
Vous, ils savent route (très-longue).

Nté a man di-bissa kou bété.
Moi il n'a pas content beaucoup.

Tili saba, nté a man bo boung-o.
Jours trois, moi il n'a pas sorti case.

4

Je n'ai rien entendu dire.

Hawa, est-elle mariée?

A-t-elle des enfants?

Qui est-ce? — Un homme du Macina.

Si je prête trois pièces de cinq francs au Diula, me les rendra-t-il?

Qu'est-ce qu'il y a?

Il faut que je parte de suite.

Les gens de Kalé ont cultivé l'île qui est en face de nous.

Voilà de l'eau, lave-toi les mains.

Tous les gens du village sont pêcheurs.

Qui t'a dit de venir ici?

Ntè, a man mɩngokʼanɔo-niéba.
Moi, il n'a pas entendu rien.

Hawa, a bé fourou?
Hawa elle est mariée?

Dé a kha sola?
Petits elle a ?

I a bé? — Nté a bé macinaké.
Toi il est ? Moi, il est macina homme.

Gni douromé saba diula a fouma, a bé
Si pièces de 5 fr. trois marchand il prête, il est

saguila nté?
rendre moi?

Moun la?
Qu'est-ce?

Nté a takha sasa.
Moi il pars de suite.

Kalé-nkés, a bé séno, gongou niato ntélou.
Hommes de Kalé ils ont cultivé île en face nous.

A bé dji, mboulou i kou.
Il est eau, mains tu laves.

Abée ouoloyoro a bé somonos.
Tous habitants ils sont pêcheurs.

Moun i bé kouma: na dian?
Qui toi a parlé : viens ici?

VOCABULAIRE BAMBARA

———

Dans le vocabulaire, quelques objets sont désignés par deux ou trois noms différents : tels sont par exemple :

Aiguille : *missélé, messélé, karali, siguilan.*
Anneau : *gouna, douroumé.*
Arc-en-ciel : *douboukoloki, allakamoura*; etc.

C'est toujours le premier nom qui est le plus usité chez les Bambaras, les autres sont employés chez les Mali-nkés et Kasso-nkés.

On trouvera également des mots où l'*r* sera remplacé par l'*i*; ce cas est très fréquent chez le Soudanien qui prononce plus volontiers cette dernière lettre.

Ainsi : *doroké*, vêtement, se dit aussi *doloké*; *sira*, chemin, *sila*; *kourou*, montagne, *koulou*; *karo*, lune, *kalo*, etc.

———

VOCABULAIRE

1. — NOMS COMMUNS

A

Abdomen	Kénié kono.
Abeille	Diksé, likésé.
Acajou (sorte d')	Caïlcédra, diala.
Acacia (sorte) (1)	Boina.
Achat	San. mbasan.
Acheteur	Sanbaké.
Agneau	Sadé, sakhodé.
Agriculteur	Tchika.
Agriculture	Tchika.
Aïeul	Mama.
Aigle à tête blanche	Séquelou.
Aigle brun (sorte de charo-	Gingindio.
Aigrette [guard].	Ngouna qui dié.
Aiguille	Misséli, messélé, karali, siqui-
Aile d'oiseau	Kamakono. [lan.
Aile droite	Kini mboulou.
Aile gauche armée	Nouman mboulou.
Aïné	Denflo.
Aisselle	Kamakorola.
Albinos	Founé.
Alène	Biene.
Aliment	Kissi.
Allée	Sira, sila, silo.
Alliance	Fourou.
Allumettes	Karabo.

(1) Il existe également un acacia, le *nérétou*; ses cosses, très longues, contiennent une farine jaune qui sert d'aliment (le *netté*) ; d'autres variétés existent, parmi lesquelles on peut citer le *vène* et le *lengué*, excellents bois de construction.

Amant	Galaké.
Amende	Sulé, kitchié.
Ami	Ntergué.
Amie (bonne)	Dimisiri, Sonkourou.
Amorce de fusil	Toulaméné, morso.
An	Sang.
Ancre	Landoumé.
Ane	Fali, Falo.
Animal	Falo, Soubo.
Anneau	Gouna, Douroumé.
Année	Sang.
Anon	Fali.
Antilope moyenne à poil roux, cornes en lyre (Doumsa des Toukouleurs)	Sisi.
Antilope gr., cornes fuyantes (Koba des Toukouleurs)	Dagué.
Antilope à bosse, très grande, cornes ployées presque à angle droit	Tankho.
Antipathie	Ntèney.
Anus	Diouda.
Appétit	Khonkho.
Arabe (maure ou berbère)	Soulankhé (n presque sous-entendu).
Arachide	Tigo.
Araignée	Sabé, sousani, ntali.
Arbre	Iri, iro.
Arbre à cosse contenant un coton qui s'enflamme très vite	Bougou.
Arbre donnant un fruit plat et rond dont on mange l'enveloppe filandreuse	Tomba, le fruit s'appelle Tamba-Koumba.
Arbre donnant une sorte de cerise à gros noyau	Tombero.
Arbre dont la cendre sert aux teintures à l'indigo.	Iridiomé.
Arbrisseau, arbuste	Iridé.
Arc (arme)	Kala, binié.
Arc-en-ciel	Douboukoloki, allakamourou.
Archer	Kalanké.
Argent	Ouory, khalis.
Argile	Bokho.

Armée	*Kéléba.*
Arrière-petit-fils	*Modé, modin.*
Assassin	*Kéléba, moina, falikéba.*
Assistance	*Démé.*
Athée (non musulman)	*Kafir, kéfir.*
Attaque	*Gaguiriba.*
Aube (au chant du coq)	*Douno koumo, dounloung-*
Aumône	*Sara, karandi.* [*koum).*
Autruche	*Sokondo, konosoukou.*
Aurore	*Tilo-ouli ta.*
Avant-case'(sorte de véranda)	*Biré.*
Aviron	*Diégala, diakala.*

B

Babeurre	*Nonodji.*
Bagage	*Mina, minakoulou.*
Balance à or	*Sanou-soumandia.*
Bague	*Sanou, douroumé.*
Balle de fusil	*Néguédé, néguéndingo.*
Bambou	*Bo.*
Banane	*Banana.*
Bandeau (pour les yeux)	*Nianassiri.*
Banian (sorte de figuier sau-	*Doubalel.*
Baobab [vage)	*Sita, silo.*
Barbe	*Bosi.*
Barbiche	*Boumousi.*
Baril de poudre	*Bouna-doundoungo.*
Barre de sel	*Bafal koi, bafal koko.*
Bât	*Kirké.*
Bataille	*Kélé.*
Bâtard	*Diolifaligui.*
Bateau (embarcation en gé-	*Koulou.*
Bateau à vapeur [néral)	*Siso koulou, sisi kouloungo.*
Bâton	*Bré, béré.*
Bavard	*Koumaba.*
Bave	*Dadji.*
Beau-frère	*Bira.*
Bec	*Da.*
Bêche	*Daba.*
Bélier	*Saligui.*
Berger	*Guéna.*

Bergeronnette	*Missi goniori, nisso gonioro, Fato.* [konomissé.
Bête (animal quelconque)	*Fato.*
Beurre de vache	*Maré.*
Beurre végétal (de Karité)	*Setlou.*
Biche (petite)	*Kouloungo-dé, kouloungo*
Biche (moyenne)	*Kouloungo.* [ndingo.
Biche (grande)	*Siné.*
Bien (richesse)	*Naflo, nafoulou.*
Bière du pays (faite avec le	*Dlo, dolo.*
Bijou [mil]	*Massiri.*
Bi-cuit	*Moumi, biskit.*
Bivouac	*Ouéré.*
Blessure	*Souaréda.*
Boa	*Dougoumosé, méninga.*
Bœuf	*Missi, nisso.*
Bœuf sauvage (à bosse)	*Sigui.*
Bœuf porteur	*Tamé, témé.*
Bois à brûler	*Douo, lokho, tabiri.*
Boite	*Baradé, bara-ndingo, fénésa-*
Bonne d'enfant	*Délala, ndintala.* [kolo.
Bonnet d'homme	*Fon, fougoula.*
Borgne	*Niankilé.*
Bosse	*Diounio.*
Bottes	*Sabaro, saouaradia.*
Bouc	*Bakoro, Bakhoto.*
Bouche	*Da.*
Bouchon	*Dalougouna.*
Boucle d'oreille	*Toulo-sano, toulodouromé.*
Boulet	*Goulé néguédé, négué kou-*
Bourreau	*Faliba.* [rou.
Bourrique	*Fali, falo.*
Bourse en cuir (pour argent)	*Kourbab, niaga.*
Boutique	*Sani-yoro, sanindoula.*
Bouton	*Koulou ni missé.*
Bouvier	*Gouénila.*
Boyau	*Nougou.*
Bracelet	*Mboulokano, godo, mbouloné-*
Brai	*Mana.* [gué.
Branche	*Iri boulo, doua gni ningo* [lokho gni ningo.
Bras	*Bolo, mbolo, mboulou.*
Bride (avec mors)	*Krabé, karabé.*
Bride (sans mors)	*Krabé dioulou.*

Brique en terre	Karafé.
Brise	Fien.
Broderie en soie de 2 à 3 doigts de largeur, sur les	Lomas.
Brodeur [surtouts	Niéguéba.
Bronze	Sira.
Brouillard	Fountali, mouranqué, nkomy.
Broussailles	Iri-messendi.
Brousse épaisse	Tou.
Bruit	Ouoyo, iakhana.
Bûche	Irikourou.
Bûchette	Niouso.
Buveur	Dlomiba, Dolomiba.

C

Cabane	Bco.
Cadavre	Nkésou.
Cadeau	Sara, nivé.
Cadenas	Kounégué.
Cage	Konoso.
Caïlcédra(acajou du Sénégal)	Diala, bono.
Caillou	Kourou.
Caïman	Bama, bambo, bamba.
Caisse [de musique)	Baraba, ouakhandé.
Calebasse allongée (instrum.	Bilakorokoma.
Calebasse (grande)	Fié, félouba, fé.
Calebasse (moyenne)	Féloungo.
Calebasse (petite)	Féloudé, féloungo ndingo.
Calebasse à manche p. boire	Konsoro, kouroudingo.
Caleçon	Kouloussi.
Calicot	Baguidié, bagui khoy.
Calumet	Dira
Calvitie	Koungdié.
Camarade	Ntergué, ntari, nterké.
Caméléon	Nonsi.
Camp d'armée	Kélé-ouéré, kélé-dakha.
Campement	Ouéré. dakha.
Campement de Maures	Soulakho-dakha.
Campagne	Oulo.
Canaille	Mafiéman.
Canard	Bourou.

Canari (poterie pour l'eau)	*Dji dakha.*
Canne	*Berké, béré.*
Canon	*Gollé, goulé.*
Canot	*Koulou, kouloundé.*
Caoutchouc (liane donnant le)	*Sabadiouo, goye.*
Capitale	*Famadougou, farbadougou.*
Capitaine (très bon poisson du Sénégal et du Niger)	*Baporé.*
Captif (mâle)	*Dion-nké.*
Captif (femelle)	*Dion-mousso.*
Captif de case	*Wouloussou.*
Captif de commerce	*San-dion.*
Captivité	*Dion-nia.*
Carapace	*Kouna-kounia.*
Caravane	*Diouraou.*
Carême (jeûne)	*Soung.*
Carnet	*Sébéfra.*
Carpe	*Balokala.*
Carquois	*Tou, toungo.*
Carré	*Toufa.*
Case en terre	*Bôo, boungo, so, sou.*
Cataracte	*Gniédié.*
Caurie (1)	*Kouro.*
Cavalier	*Soutigué, souotigué.*
Cavité	*Soua.*
Ceinture	*Tiésirila, mourfoublé.*
Célibataire	*Tiégona.*
Cendre	*Bouridié, bougouridié, ségué.*
Centimes (pièce de 50 cent.)	*Nonkho-loulou.*
Centre	*Tlantié.*
Cercle	*Kori.*
Cercueil	*Soudoli.*
Cerveau	*Koung-né.*
Chacal	*Nasi, ouloouoloto.*
Chaîne	*Dioloko, néguédioulou.*
Chaînette	*Diolokoni.*
Chair	*Sogo.*
Chaise	*Siguila, ouakhani.*
Chaleur	*Fountouni, founté.*
Chambre	*Bôo.*

(1) Coquillage univalve servant de monnaie sur le Niger et dans les pays limitrophes (2,000 valent 5 fr. à Bamako).

Chameau	*Niokhomé, niamou.*
Chamois (biche à cornes re-	*Konkotongo.*
Champ [courbées en avant)	*Fourou.*
Chanson	*Donkili.*
Chanteur	*Donkilidalanké.*
Chanvre indigène	*Ndadou.*
Chapeau	*Dibri, gafa, gaban.*
Chapelet	*Ouarouaré, korosé.*
Chapon	*Kobo.*
Charbon	*Finfi.*
Charbon allumé	*Tasséma kami.*
Charbon (arbuste fournissant	
le charbon pour poudre)	*Darsé.*
Chargement	*Doni, douni.*
Chasse	*Sougoufa.*
Chasseur	*Dousoo.*
Chat	*Diakouma, niaro.*
Châtreur	*Kokoba.*
Chaud	*Goin.*
Chaudron	*Voyez Pot.*
Chaumière	*Bougou.*
Chaussure	*Sabara.*
Chauve	*Koungdié.*
Chauve souris	*Nkatoroni, korofiné.*
Chef (en général)	*Tigui.*
Chef (de famille)	*Bougoutigui.*
Chef (de colonne)	*Kou ngtigui.*
Chef (de village)	*Dougoutigui.*
Chef (celui qui perçoit l'im-	*Saltigué.*
Chemin [pôt)	*Sila, silo, sira, siro.*
Chemise	*Doloké, doroko.*
Chenille	*Ntoumou.*
Chercheur	*Gnigniba.*
Cheval	*Souo, soo.*
Cheveu	*Si, chi.*
Chèvre	*Bamousso.*
Chien	*Oulou.*
Chien (de fusil)	*Kérédola.*
Chiffon	*Finikoro, finikolo, finikhoto.*
Chose	*Féen, fengo.*
Chute	*Bira.*
Cicatrice	*Diolinon.* [kholo.
Ciel	*Ngalokoro, saro sangou, sang-*

Cil	*Nian-si*
Cimetière	*Sélédo, sarilo, soudouyoro.*
Circoncis	*Forotigué.*
Circonciseur	*Forotigui.*
Circonférence	*Kovi, douroumé.*
Cire	*Diniaka, liniakho, sébéfou.*
Ciseaux	*Kémésou.*
Citerne	*Kolo.*
Citron	*Lémourou.*
Citrouille	*Dié.*
Civière	*Sansará, nakra.*
Clair (de lune)	*Kalodié.*
Clavicule	*Sokhora.*
Clef	*Dakounéqué, kounéqué.*
Clochette	*Ouoyo-ouoyo, tana. sébanou, dioli, yigui-yigui.*
Clou	*Néguémessé, néguédo.*
Cochon	*Fali .*
Cœur	*Sóo, sou, dousou.*
Coffre	*Baraba, ouakhandé.*
Cognée	*Diélé.*
Coiffeuse	*Kouméré, koundala.*
Coin	*Dogo-dogo.*
Collier	*Kangokono.*
Colline	*Konko, tindini-kouloundingo.*
Combat	*Kelébira, kélébila.*
Commerçant	*Sanba, dioula.*
Commissionnaire (envoyé)	*Blaféba, sammama, tiédé.*
Concitoyen	*Baléma.*
Conducteur	*Mantoba.*
Confluent	*Bafoulabé.*
Connaisseur	*Donba.*
Conseil	*Dégué.*
Consolateur	*Dialakiba.*
Conspiration	*Dianfa.*
Constipation	*Konodiara.*
Conte	*Nangataléda .*
Conteur	*Koumalataliba.*
Contour	*Kéré, .*
Contradicteur	*Kiriba.*
Contrat	*Sama.*
Contrée	*Douyou.*
Contribution	*Sale.*

Contribution	*Sakhalé, sagalé, sara.*
Contusion	*Founouna.*
Copeau	*Iriféléma.*
Coq	*Dounoukoro, sissékouloukou-*
Coquillage	*Kanko.* [*lou.*
Corail	*Kaboro.*
Coran	*Karan.*
Corbeille	*Korisagui, sagni, féléfélé.*
Corde	*Dioulou, fou.*
Cordon (porte-sabre)	*Massédou.*
Cordonnier	*Garanké.*
Corne (à poudre)	*Garna.*
Corne d'animal	*Bigné, bignou.*
Corne de dagué (instrument	*Boudofo.*
Corps [de musique)	*Fari.*
Côte (côtelette)	*Galaka.*
Côté	*Kéré.*
Coton	*Korandi, kori, cotondo.*
Cotonnade blanche	*Bagui-Khoy, bagui-dié.*
Cotonnier	*Korikala, koridiri, cotondi-*
Cou	*Kang-o.* [*kala.*
Coucher (du soleil)	*Tlébira, tilibira.*
Coude	*Kombélé, nonkonko.*
Coudée	*Nongonia.*
Couleur	*Issi.*
Couleuvre	*Sa.*
Coupeur	*Téguéba.*
Cour	*Loukono, douma, dounié ko-*
Courage	*Tiéféré, kessé.* [*nola.*
Coureur	*Tamaba.*
Couscous	*Bassi.*
Cousin	*Benké-dé.*
Cousin (insecte)	*Souso.*
Couteau	*Mourou, mouro.*
Coutume (impôt)	*Saalé.*
Couvercle	*Datougoula.*
Couverture en général [Nioro)	*Bourifani, bourinka, Badiou.*
Couverture (du Ségou et du	*Dampa.*
Couverture (en laine du Ma-	*Kassi, kassa.*
Crachat [cina)	*Dadji.*
Cracheur	*Dadjiba.*
Craie	*Bankounidié.*
Crainte	*Sirambato, silambata.*

Crâne	Koung-koulo.
Crapaud	Ntori, n'ouri.
Crasse	Noua.
Crédit	Diourou.
Créneau	Folongo.
Crête	Konko.
Cri	Kassi.
Crinière	Souodiégué, souodiakhé.
Crochet	Donti.
Crocodile	Bama.
Crotin	Soobo.
Croupe	Kokoung.
Croûte	Fara.
Crue	Faraka, fraka.
Cubilo (haut-fourneau indi-	Néguébountoungo.
Cuiller en bois [gène)	Gama, guirbé.
Cuir	Goulo, souro.
Cuisine	Gouabougou.
Cuisinier	Gabougou, tobélila, toubilila
Culotte (indigène)	Koulousi, kourso, kourousi,
Cuisse	Ouró, toko. [touba.
Cuivre	Soula, sira, danio.
Cul	Diou.
Culbute	Bira.
Cultivateur	Tchikala, sénéla.
Culture	Tchi.
Cure-dents	Gni-robo.
Cure-oreilles	Touloféréféré.

D

Danger	Sira, sila.
Danse	Dôo.
Danse (particulière aux Kas-	Signâlo.
Danseur [soukais	Dóonkéla, korodiouga.
Dard	Biene.
Datte	Dougourasi, tamaro.
Dattier	Dougoura, tamarosou, tama-
Décence	Niako. [rodiri.
Décès	Saya.
Défaite	Kélédogué, kélégoé.
Défrichement	Béflé.

Délivrance	*Ségama.*
Demande	*Gninika.*
Démence	*Fato.*
Dénonciateur	*Kaniaba.*
Dent	*Nié, gning-o.*
Denture	*Daouolo.*
Dépense	*Tiana.*
Dépouille	*Kounofara.*
Déprédation	*Souboli.*
Dépression	*Toni.*
Déroute	*Boli.*
Derrière	*Nko, diouo.*
Descente	*Sigui.*
Désert	*Kégnédié, kégné khoy, lomo.*
Déserteur	*Boliba.*
Déshonneur	*Malo.*
Détente (de fusil)	*Kala.*
Détour	*Ténomi.*
Dette	*Diourou, dioulou.*
Diable	*Koungnofé, djina.*
Diadème	*Kounou aiala.*
Dieu	*N'yalla*
Difficulté	*Golé.*
Digestion	*Mafa.*
Digue	*Kéréfé.*
Dimension	*Bone.*
Diminution	*Dobola.*
Dîner	*Tléro-souma.*
Disciple (de Mahomet)	*Mori dé.*
Discussion	*Kiri.*
Disette	*Mako.*
Distributeur	*Tlaba.*
Divorce	*Bla, boula.*
Doigt	*Blokoni, mboulou koni.*
Domestique	*Korosigui.*
Domicile	*So.*
Don	*Son.*
Dormeur	*Sounaba, sinokhoba.*
Dos	*Kho, nkama.*
Dot (et dot de la femme)	*Fourou-naflo, moussofourou-*
Douleur	*Dimi.* [*naflo.*
Drapeau	*Rayette, pavion.*
Dromadaire	*Niamou, niokhuma.*

Dune	*Tendy.*
Duvet	*Niénié.*
Dynastie	*Fama-si.*
Dysenterie	*Kono-biboli.*

E

Eau	*Dji, dio, gui, nafa.*
Eau (fraiche)	*Dji souma.*
Eau-de-vie	*Dlo toubab.*
Ébène (bois d')	*Gclé.*
Écaille de tortue	*Coutasô, coutaboung-o.*
Écarlate (étoffe)	*Bagui-oulé.*
Échalote	*Diaba.*
Échafaudage (pour palabres)	*Kora.*
Échange	*Falé.*
Échine	*Kokolo.*
Écho	*Guini.*
Éclair	*Mékéméké.*
École	*Kalanioro.*
Écorce d'arbre	*Irifara.*
Écrit	*Sébéfira, niégué.*
Écriture	*Niégué-tiogo.*
Écrivain	*Niéguéba.*
Écuelle	*Konsoro, galama.*
Écume	*Kania.*
Écurie	*Soubôo.*
Effets (linge en général)	*Fini, fano.*
Élection	*Rotomo.*
Éléphant	*Sama, samo, marama, kafély.*
Élite	*Rotomo.*
Embarcation	*Koulou.*
Enceinte en bois	*Sagné.*
Enceinte en terre	*Tata.*
Enceinte en tiges de mil ou	*Sékourou.*
Encre {en roseaux	*Séféndji, dafadji.*
Encrier	*Sébénéla, baréni.*
Endroit	*Yorola.*
Enfance	*Démessé, dindin.*
Enfant	*Dé, ndin, dindin.*
Enfantement	*Ouolo.*
Enfer	*Tassouma lakhira.*

Ennemi	*Ntergué nté, diougou, kélé.*
Entrailles	*Konorafala, nougou.*
Envoyé	*Tiédé, sammama, blaféba.*
Épaule	*Kama, kamankou.*
Épée	*Mfa.*
Éperons	*Sébéré.*
Épi	*Nionkourou.*
Épilepsie	*Kirila.*
Épinards indigènes	*Da.*
Époux	*Nké.*
Épouse	*Mousso-do.*
Escale	*Galodougou, djibé.*
Esclavage	*Dion-nia.*
Esclave	*Dion.*
Espion	*Téguéré, dololila, kalonti-*
Esprit	*Fakly, kadono.* [*guéba.*
Est	*Koronon, korofé.*
Estomac	*Doussou.*
Étable	*Ouéré.*
Étalon	*Sounké.*
Étoile	*Doli, dolo, lolo.*
Étoupe	*Foumougou, fou.*
Étranger	*Nabado, mouana.*
Étrier	*Négué-singo.*
Étrivières	*Négué-singodioulou.*
Européen	*Tounblé, toubabé, toubabou-*
Exercice	*Sinama.* [*lengo.*
Expédition de guerre	*Keléba.*

F

Fable	*Tali.*
Face	*Niénéno.*
Fagot	*Nionso.*
Faiblesse	*Faniata.*
Faim	*Khonkho.*
Falaise	*Mana.*
Famille	*Baléma, badélou, badéoudou.*
Famine	*Khonkho.*
Fanon	*Kankourou.*
Fantassin	*Sofa, sinama, tôo.*
Faon	*Sina-dée.*

Farine	*Mougon.*
Farine de mil	*Nionmougou*
Faucille	*Ouolosso.*
Faute	*Flila.*
Favori	*Korosigui.*
Femelle	*Mousso.*
Femme	*Mousso.*
Fer	*Négué, négo.*
Fesse	*Diou.*
Fête	*Selli-dóo.*
Fétiche (nom par lequel les Bambaras désignent leur)	*Bouri, niama.*
Feu (élément)	*Tasséma, tassouma.*
Feu (de bivouac ou de cui- [sine)	*Gani, goni.*
Feuille	*Fila, fera.*
Feuille de baobab	*Sitafita.*
Ficelle	*Gari.*
Fiel	*Kounou.*
Fiente (d'oiseau)	*Konobo.*
Fièvre	*Goin, farigoin.*
Figure	*Gninano, niéno, nano.*
Figuier (donnant des figues)	*Ntoro, ntourou.*
Figuier (donnant un fruit [genre raisin)	*Kobo.*
Fil	*Garé, gari.*
Filament	*Fou.*
Filet	*Dio.*
Fileur	*Ourindiba.*
Fille	*Dé-mousso, ndin mousso*
Filou	*Sougnalikéba.*
Fils	*Dé-nké, ndin-nké.*
Fin	*Tlara.*
Firmament	*Voyez Ciel.*
Flèche	*Begné, biene.*
Fleur	*Fiéré, hamoubara.*
Fleuve	*Ba.*
Flûte	*Foulé, flé.*
Foie	*Biene.*
Fond	*Diou.*
Fondeur	*Fanégué.*
Fontaine	*Kolo, kolongo.*
Forêt	*Oulo, tou, ouloto, touro.*
Forge	*Noumou.*
Forgeron	*Noumouba.*

Fortune	Nafoulou.
Fossé	Kolo, dégné.
Fossoyeur	Kolonké.
Fouet	Bissá.
Fourmi (en général)	Gololi.
Fourmi à mandibules (ma-	Méné méné, manian.
Fourneau [gnan)	Gouansó.
Fourreau	Tan, goua.
Franc (pièce de un)	Tama.
Frère aiué	Doua, koronké.
Frère puîné	Douani.
Fromager	Bantan, bentëng.
Fronde	Diala.
Front	Fonda, fon.
Froid	Nénebé, néné.
Fruits (en général)	Iridé, irisi, irindin, irikoulou,
Fumée	Sisi, siso. koulou.
Fumier de cheval	Sorobo.
Fumier de vache	Missibo
Fumeur	Dolimimba.
Fusil	Marfa.
Fusil à 2 coups	Dafoula.
Fusil de tirailleur	Gassa.

G

Gage	Kiérésan.
Gale	Mporo, magna
Galette de maïs	Momi, mgoumi
Garçon	Blakoro
Garçon (petit)	Ndinké, Dénké
Gardénia (arbuste, tiaret de	Bourengo.
Gardien [Tahiti)	Dodolila.
Gargoulette	Djifinié, dou.
Gendre	Mira-nké.
Général (chef d'armée, chef	Koung-tigui.
Génisse [de colonne)	Missi-dée, nissigré.
Genou	Koumbélé.
Gens	Mokho-tiamo.
Gent	Má.
Geste	Bolola.
Gigot	Saouoro.

Giberne (sac à balles, indi- [gène)	Dièmé, kourbab.
Girafe	Niokhoma ouloto.
Giraumont	Mandidié.
Girofle	Binafountié, korompolé.
Glace	Doungaré, yayela.
Gobelet	Konsorɔ.
Gombo	Gang-ou, kanédio.
Gomme	Mana.
Gommier	Irinédji, mana.
Gonatier	Sangué.
Gorge	Kda, kango.
Gouffre	Degnédoung.
Gourde	Foroko ndingo.
Gourdin	Bériké.
Gourmand	Doumouniba.
Grain, graines	Késsé, kési, si, koulou, khou-
Graisse	Kée. [lou.
Grenouille	Kouma, nkhoma.
Gris-gris (amulette en géné- [ral)	Boli, safé.
Gris-gris (queue de cheval des	Tourakou.
Groin [Bambaras)	Falinoungo.
Gros d'or (il pèse trois [grains de tamarin)	Tombikhoulou saba sanou.
Grossesse	Konoma.
Grotte	Kouloubôo.
Grue couronnée	Kouma.
Gué	Dioubé.
Guenille	Fanikoro.
Guenon	Gong-o-mousso.
Guépard	Ouar nji nkala ndingo, semna
Guerrier	Sofa, kélékéla. [ouoro.
Gueule	Da.
Gueule-tapée (sorte d'iguane)	Kana, gana.
Guinée	Alkonta, bagui.
Guinée bleue	Baguifing.
Guinée filature	Baguifing filatour.
Guitare (petite à une corde)	Ngoni.
Guitare (moyenne à trois cordes)	Kountingo.
Guitare (grände à quatre cordes)	Kounibara ba.

5.

H

Habitant	Ouoloyoro.
Habitation	Sigui-yoro.
Habitude	Dello, dellila.
Hache	Dielé.
Hachette	Dielé-ni.
Hache de guerre	Soukala.
Haie	Sinsa.
Haillon	Fanikoro.
Hallebarde	Tama.
Hamac	Dendioulou.
Hameçon	Dolé, nkory.
Hanche	Se'.
Hangar	Béra, goua.
Hardiesse	Kafari.
Haricot (indigène)	Soso.
Haricot arachide	Tiga ndi khollé.
Harpe (iustr. mouté sur une calebasse, 21 cordes)	Kora, simbi.
Hausse (d'une marchandise)	Tougala.
Herbage	Bing-nobi.
Herbe (en général)	Bing.
Hérisson	Diougouni, kourouni.
Héritier	Thien.
Herminette	Kobili.
Hernie	Keyétigui.
Hippopotame	Mani, mali.
Hirondelle	Nakhanakhano, nokhonokha-
Histoire	Taly. [lé.
Hivernage	Tlaminia, saminia.
Homme	Nké, mokho.
Homme adulte	Kamaréba.
— blanc	Mokho dié.
— libre	Foro, diamourou.
— noir	Nké fing, mokho fing.
— rouge	Mokho oulé.
Honte	Malo.
Hoquet	Yiguéré.
Horreur	Niougou.
Hospitalité	Sarakha, dia.
Hôte	Diatigué.

Hôtesse	*Diatigué-mousso.*
Houe	*Daba.*
Huile	*Toulou.*
Huile d'arachide	*Tigatoulou.*
Huître (d'eau douce, du Ni- [ger)	*Kiba.*
Huppe commune (oiseau)	*Tlou.*
Hure de sanglier	*Lékoung.*
Hurlement	*Kassi.*
Hyène	*Nama, souroukou.*

I

Igname	*Niambi, diambéré.*
Ignorant	*Kodombali.*
Iguane (gueule tapée, grand	*Kana.*
Impertinent [lézard)	*Néniba.*
Impôt	*Sale.*
Ile	*Gongou, dioé.*
Incendie	*Tougala, tadona.*
Index	*Blokoni.*
Indigo	*Gala, gra, gara.*
Inexpérience	*Kodombali.*
Injure	*Nénéli.*
Inspecteur	*Fléliba.*
Instant	*Ita.*
Instrument de musique (châssis avec touches en caïlcédra sous lesquelles sont suspendues des calebasses de diverses dimensions)	*Bala, balafong.*
Intelligence	*Kéo, fakili.*
Interprète	*Kanaminalila, dalaména.*
Intestins	*Nougou.*
Irax (quadrumane vivant dans les rochers)	*Magnian.*
Islamisme	*Morilou.*
Ivoire	*Sama-gningo, marama gnin- [g-o, kafigni.*
Ivrogne	*Dlomiba, dlobélaba.*

J

Jalousie	*Kélia.*
Jambe	*Sanakoulou, singokoulou.*
Jambon	*Faliouorou.*
Jardin	*Toli, fouto fourou.*
Jardinier	*Tchikalaba.*
Jarre	*Figné.*
Jarret	*Toukoulo.*
Jatte en bois	*Kouna.*
Javelot	*Bégné, biene, narama.*
Jeu	*Tlo.*
Jeûne	*Soung, souna.*
Joie	*Dina.*
Joue	*Tama, kingué.*
Joueur	*Tloba.*
Jour	*Loun, tilé, dôo.*
Juge	*Tienfoba, kirélégala.*
Jumeau	*Flaniou, foulani, foulanou.*
Jument	*Somousso, souomousso.*

K

Karité (arbre à beurre)	*Sedhiou.*
Kahouanne (tortue de terre)	*Koula, kounia, taou.*

L

Lac	*Badla, badala, bafala.*
Laine	*Sasi. gariblé.*
Lait	*Nono.*
Lait aigre	*Nono-koumo.*
Lait frais	*Nono-kendé.*
Lampe	*Fitina, Firiné, kalodié.*
Lance	*Tama, tamba.*
Langage	*Kouma,*
Langue	*Né, kouma.*
Lapin	*Sounsa.*
Lapetot (matelot indigène)	*Somonos.*
Larme	*Niédji, niandji.*

Lassitude	*Ségué.*
Laveuse	*Koliba.*
Lèpre	*Kouni, kaba.*
Lépreux	*Kabatigui.*
Lettre	*Bataké, bétakel, sébéfara.*
Levant	*Koróo, tili ouli ta.*
Lèvre	*Daouolo, dagoulo.*
Lézard	*Lassa, bassa.*
Licou	*Karafé.*
Lièvre	*Sounsa.*
Limaçon	*Kako, kolo.*
Limon (vase)	*Dengaino.*
Linge	*Fani, fano.*
Lion	*Ouar ba.*
Lit	*Lalang-o, dela.*
Lit indigène	*Tara.*
Livre	*Sébéfira.*
Lougan (champ)	*Fourou.*
Loup	*Namakoro.*
Lumière	*Kalodié.*
Lune	*Karo, kalo.*
Lynx	*Semnaouara, nansilé.*

M

Maçon (pour cases)	*Bamoudala, bagoundoula.*
Mâchoire	*Dagoulé, dagning-o.*
Madapolam	*Baguidié, baguikhoy.*
Magasin	*Sanindoula.*
Mahométan	*Mori.*
Main	*Blo, bolo, boulou m'boulou.*
Maïs	*Maka, mania, kaba.*
Maison	*Boung-o. só.*
Maître d'esclave	*Dionligui.*
Maître (homme libre)	*Foro.*
Maître d'école musulmane	*Tierno, mori.*
Maladie	*Bana, goin.*
Maman	*Mba.*
Mamelle	*Sing.*
Manche (de couteau)	*Koung-o mouro.*
Marabout	*Mori, tierno.*
Marais	*Dala, dla.*

Marchand	*Diula.*
Marchandise	*Nafoulou.*
Marché	*Soukouro.*
Margouillal (sorte de lézard)	*Lassa, bassa.*
Mari	*Nké.*
Mariage	*Fourou.*
Marigot	*Kö, khollé, fara*
Marin	*Somonos.*
Marmite	*Voyez Pot.*
Marteau	*Foulouma, néguékousila.*
Massue	*Béré-koumba.*
Matin (1)	*Sokhoma, sogoma.*
Maure	*Soulanké, sourako.*
Mecque (La)	*Maka.*
Médecin	*Bassikala.*
Melon	*Djé, nsara.*
Membre	*Tougou.*
Mendiant	*Sarakha, gnigniba.*
Mensonge	*Kalo*
Menteur	*Kalokéba.*
Menton	*Mbora, bomo.*
Mer	*Guédji.*
Mère	*Mba.*
Mesure (contenant environ deux kilogr. de mil s'appelle moule et moude)	*Mouré.*
Meurtrière	*Folongo.*
Miaulement	*Kaska.*
Midi	*Tilo-téma.*
Miel	*Li, di, lio.*
Migraine	*Koungdimi.*
Mil (en général)	*Nion.*
Mil (petit)	*Sanio.*
Mil (gros rouge)	*Gadiaba.*
Mil (gros blanc)	*Nion ni kilé.*
Millet (sorte de, très petit)	*Fonio.*
Milieu	*Tématié, téma.*

(1) De très bonne heure, deux à trois heures — *Soukhoma diouna.*
   Au chant du coq — *Sokhoma dountoung koumo.*
   Soleil levant — *Tilo oulita.*
   Vers neuf heures du matin — *Nji tilo nata koung téma.*

Mine d'or	*Sanoukono.*
Ministre	*Gouada.*
Minuit	*Soutéma.*
Miroir	Voyez *Glace.*
Moelle	*Sémé.*
Mois	*Kalo, karo.*
Moitié	*Tala, tlantié.*
Mollet	*Sinkala.*
Monde	*Diamani, douna.*
Montagne	*Koulou, kourou, Tindi*
Morceau	*Koungkrou.*
Morfil	Voyez *Ivoire.*
Mors	*Karabé, sónitigué.*
Mort	*Saya.*
Mortier	*Koulou.*
Morve	*Noungdji.*
Mosquée	*Sali-yoro, mouciré.*
Mouche	*Limokho, dimokho, blé.*
Mouchoir	*Missor* (français).
Mousse	*Kangna.*
Mousseline	*Sang-é.*
Moustache	*Dasi.*
Moustique	*Sousó.*
Mouton (en général)	*Sakho, sa, sakoro.*
Mouton	*Kobo-sakho.*
Muet	*Boubou, bobo.*
Mulet	*Faliba, falikoro, fali.*
Munitions	*Dounfé.*
Mur d'enceinte en pisé	*Tata.*
Muraille	*Soukala.*
Musc	*Sounka.*
Musicien (inst. à vent)	*Taiibé, boudofola, bourofola.*
Musiciens (inst. à cordes)	*Diali.*
Musulman	*Moriké.*

N

Nageoire	*Diégiu.*
Nageu	*Nonba.*
Narine	*Noung-da.*
Natte	*Gourali, dela.*
Naufrage	*Tounouna.*

Navet doux sauvage (sorte de)	*Fikhongo*.
Nègre	*Nkéfing*.
Neveu	*Baréni, benké-dé*.
Nez	*Nou, noungo*.
Nid	*Konosó, konaboung-o*.
Niger (le fleuve)	*Dialiba*.
Noble	*Fama-si*.
Noix de colas	*Gouro*.
Nom	*Ntokho*.
Nord	*Kégnéka, sakhély*.
Nourrice	*Simi-nɩba*.
Noyau	*Koulou*.
Nuage	*Sang-fi, kaba*.
Nuit	*Sou, souma*.
Nuque	*Tong*.

O

Objet	*Fen*.
Occident	Voyez *Ouest*.
OEil	*Nié, nian*.
OEuf en général	*Kili*.
OEuf de poule	*Sissékili*.
Oignon	*Diaba*.
Oiseau en 'général	*Kono*.
Oiseau blanc (sorte d'aigrette qui suit les troupeaux)	*Koulangué, kounnaningué*.
Oiseau pêcheur (brun avec une huppe, construit un nid très grand dans les laisses des eaux sur le bord des marigots)	*Tintan*.
Ombre	*Loulé, souma*.
Oncle	*Benké, fani-ntiéni*.
Ongle	*Soni*.
Or	*Sanou*.
Orage	*Sanfi*.
Orange	*Lémourou oulé*.
Ordure	*Niama*.
Oreille	*Tlo, tolo*.
Oreiller	*Koungorodona, koungdosséla*.
Orient	Voyez *Est*.

Orphelin	*Fal ito, balfé.*
Orteil	*Sékoni, sinkoni.*
Os	*Koulou, kolo.*
Ouest	*Tilibira, tlébi, térébi.*
Otage	*Nomada.*
Outre	*Foroko.*
Ouverture	*Datougoula.*
Ouvrier en bois (fabrique les pirogues, les écuelles et mortiers en bois, le Laobé des Toukouleurs et des Ouolofs)	*Saké.*

P

Pacotille	*Nofoloni.*
Pagaye	*Voyez Aviron.*
Pagne (en bandes)	*Fini-mougou.*
Pagne (sur les épaules)	*Pay.*
Pagne (autour du corps)	*Fagni.*
Paiement	*Sara.*
Paille	*Bing.*
Paillasson pour lit (séko)	*Ballou, déla.*
Paillasson servant de portes et à entourer les cases	*Soloungo.*
Pain	*Déguée, mbourou.*
Paix	*Dia, outiédéla.*
Palissade en bois (fortification)	*Sagné, sinsa, sansan.*
Palmier à vin de palme	*Bang-o.*
Palmier à huile et palmier-	*Tamara.*
Panier [dattier	*Ségy, ségué, sisɔ, féléfélé.*
Panse	*Babo.*
Pantalon (européen)	*Sarabou.*
Panthère	*Ouarba ni nkala.*
Papa	*Fa.*
Papaye	*Manandié-dé, manandjé-nd-*
Papayer	*Manandié, madié.* [ingo.
Papier	*Sébéfira, séfé.*
Papillon	*Féréféré, mpérépéréni.*
Paradis	*Diéné, ardiana.*
Parasol, ombrelle	*Gandourou ni kama.*
Parc (pour animaux)	*Ouéré.*

Parent	*Baléma.*
Parfum	*Souma.*
Parjure	*Sosoli.*
Parleur	*Koumaba.*
Parole	*Koumaka.*
Part	*Ni.*
Pas	*Sago.*
Patate	*Fatata.*
Patrie	*Ouoloyoro.*
Patriote	*Dougouakhadinké.*
Patte	*Sée.*
Pâturage	*Gouéniyoro.*
Paume	*Mbolologo, ntogo.*
Paupière	*Nian-oulou.*
Payeur	*Saraba.*
Pays	*Dougou.*
Peau	*Goulo, ouolo.*
Peau de bouc	*Foroko.*
Pêcherie	*Molikayoro.*
Pêcheur	*Molikeba, somonos.*
Peigne en bois	*Koungsolila.*
Peintre	*Déguélaba.*
Pélican	*Dimé.*
Pelure	*Fara.*
Pensée	*Konotassé.*
Pépin	*Sdra, si, koulou.*
Perce-oreille	*Sanimélémélé.*
Perdrix	*Ouolo, ouolo-sissé.*
Père	*Fa.*
Perle	*Konóo.*
Perroquet	*Koulé.*
Perruche	*Soulou.*
Personne (une)	*Mokho-kilé.*
Petite vérole	*Sóo.*
Peur	*Sira, sila.*
Pièce de guinée	*Baguifing kilé, baguidiékile*
Pièce de deux francs	*Tama-foula, tamafla.*
Pièce de cinq francs	*Douroumé, ouori.*
Pied (de l'homme)	*Sée, sing-o.*
Pied (mesure) de l'extrémité du pouce à l'extrémité du petit doigt en écartant la main	*Sibiri, sabiri.*

Piège pour oiseau	*Konomnala, pouro.*
Pierre	*Kourou, koulou.*
Pierre ferrugineuse	*Bélé, béré.*
Pieu	*Trou.*
Pigeon ramier	*Biti.*
Pigeon vert	*Pérépéré.*
Pileuse de mil	*Sousoulaba.*
Pillage	*Souboli, fou.*
Pilon	*Koulounkala.*
Piment	*Foronto, fourounto.*
Pince	*Bala, baba.*
Pintade	*Kémé, kami.*
Pipe	*Dida, déra*
Pirogue	*Voyez Bateau ou Embarca-*
Pistache	*Voyez Arachide.* [*tion.*
Pistolet	*Kambousse, kaboussi.*
Plaine	*Kéna, ouloto, fara.*
Planche	*Konkoulo.*
Plancher (sol de la case)	*Bougou-só, dougou-koulou.*
Plante des pieds	*Sée-togo, sing-togo.*
Plante	*Tourou.*
Plat	*Kouna.*
Pleurs	*Voyez Larme.*
Plomb (métal)	*Négué-kéné.*
Plomb de chasse	*Méso.*
Plongeon (oiseau)	*Bakono.*
Pluie	*San-ndji.*
Plume d'oiseau	*Konosi, konochi.*
Poche	*Difa, guiba.*
Poignard	*Tamamourou.*
Poignée	*Koung-o, momi*
Poignet	*Blokana, boulokala*
Poil	*Si, chi.*
Pointe	*Né, noung-o.*
Poison	*Dabali, donkono.*
Poisson	*Niégué, niégo.*
Poitrine	*Dissi, doussou.*
Pont indigène	*Seng-o, sée.*
Porc	*Fali.*
Porc-épic	*Bala.*
Porte	*Da.*
Porte feuille	*Moutoumi.*
Porteur	*Tanaéba.*

Portion	*Ni.*
Pot (européen)	*Barma.*
Pot en terre pour conserver l'eau	*Djidakha.*
Pot en terre pour faire la cuisine	*Dakha.*
Pot en terre pour la teinture	*Galada.*
Potier	*Noumou.*
Potiron	*Dié.*
Pou	*Gnimi.*
Pouce	*Boulo ko ni koumba.*
Poudre de guerre	*Bouna, moumé.*
Poulailler	*Kouloukoulou, sissésé.*
Poulain	*Sou-dé, souo-ni.*
Poule	*Sissé, séey*
Poule de rocher	*Kourou sissé, kourou-sée.*
Pourpier (salade de)	*Sérindi-koumbali, miskoubé-*
Pourtour	*Kéré.* [lé.
Poutre	*Bongoudiri.*
Précepteur	*Kalamba.*
Prépuce	*Foroda.*
Prêtre musulman	*Mori.*
Professeur	*Déquéba.*
Profondeur	*Doung.*
Prophète	*Morinianiana, morigoumbo.*
Protecteur	*Déméba.*
Prostituée	*Diado, diadomousso.*
Provision	*Dounfé.*
Puberté	*Fourouma.*
Puceau	*Kamalé.*
Pucelle	*Sounkourou.*
Pudeur	*Malo.*
Puits	*Kolo, kolongo.*
Pulpe	*Fourou.*
Purgation	*Bassimi.*
Pustule	*Nso.*
Putois	*Diakouma.*

Q

Quadrupède	*Séenani, sing-nani.*
Quart	*Tilantié.*

Quenouille	*Diéné-kolo.*
Querelle	*Kiri, korefolaba.*
Querelleur	*Kiriba.*
Queue	*Kou.*

R

Race	*Baléma.*
Racine	*Lili, déli.*
Rançon	*Koumobo.*
Rasoir	*Sirifé.*
Rat	*Gniné.*
Rat palmiste	*Kéreng-o.*
Ratière	*Apporo.*
Recéleur	*Dogoba.*
Récolte	*Téké, faraniama, tigalido.*
Récompense	*Sarakhé.*
Regard	*Flé.*
Règne	*Fania.*
Reine	*Fama-mousso, mansa-mousso.*
Reius	*Diou.*
Remède	*Bassi.*
Renard (sorte de)	*Konkooulou* (chien de petite [montagne.)
Repas	*Kouna.*
Réponse	*Laména.*
Repos	*Irofien.*
Réserve (d'armée)	*Dionkoro-mboulou.*
Rien	*Fenté.*
Rivage	*Bada.*
Rival	*Sina.*
Rivière	*Ba, kó.*
Riz	*Malo, mano.*
Rizière	*Maloyoro, malofourou.*
Roche	*Kouroudin.*
Roche plate	*Fata, fara, fala.*
Roche ferrugineuse	*Béré, bélé.*
Rognon	*Kokili.*
Roi	*Mansa, fama.*
Rônier	*Sibo.*
Rônier (autre variété de)	*Iriboulou.*
Roseau	*Oua.*
Roseau pour nattes solides	*Soling-o.*

Rosée	*Nkomi.*
Rot	*Guirndi.*
Rôti	*Dièni.*
Rougeole	*Nso.*
Rouille	*Noua.*
Route	*Sira.*
Rue	*Bolo.*
Rugissement	*Ouarbakassi.*
Ruisseau	*Kó, koboulo, kholle, fara, fala.*

S

Sable	*Kégné, bougouri.*
Sabre	*Mfa, fang-o.*
Sac	Voyez Peau de bou?
Salive	*Dadji.*
Salpêtre	*Ségué.*
Salut	*Nanifou.*
Sandales	*Samata, sabara.*
Sang	*Dioli.*
Sanglier	*Lé, dié.*
Sangsue	*Nori.*
Santé	*Héré.*
Satan	Voyez Diable.
Saule (sorte de)	*Badala-iri.*
Saut	*Ipan.*
Sauterelle	*Nto.*
Savon	*Saféné, safouno.*
Scie	*Kaka, kakéla.*
Scorpion	*Bountagni.*
Seau	*Diourou.*
Secours	*Démé.*
Secret	*Moutéfo.*
Sécrétion des oreilles	*Toulotabou.*
Sein	Voyez Mamelle.
Seine (filet)	*Komondio, aio.*
Sel	*Koi, koko.*
Selle	*Kirké, kourou.*
Sellier	*Garanké.*
Semaine	*Douakou.*
Sentier	*Sirakhadoua.*
Serment	*Siène.*

Serpent	*Sa .*
Serrure	*Dakounégué, barabara.*
Siège	*Siguila.*
Siège en terre de chaque côté de la porte à l'intérieur des cases bambaras. Ce siège est destiné à ceux qui viennent se plaindre ou adresser une réclamation.	*Mé nofa gui sigui oula.*
Sifflet	*Foulé, félé.*
Silence	*Manto.*
Singe	*Gong-o.*
Société	*Fama, diama.*
Sœur	*Mousso, baléma-mousso, nta-*
Soif	*Mina dji lokho bé na.* [ta.
Soir (soleil couchant)	*Tilo bo ita.*
Soirée	*Ourara, oulala, soukhoto,*
Sol de la case	Voir *Plancher.* [souma.
Soldat	Voyez *Fantassin* et *Guerrier.*
Soleil	*Tlé, tilo, tili.*
Solitaire	*Fébéla.*
Solliciteur	*Daliba.*
Sommeil	*Sinokho.*
Son (du mil)	*Nionbou.*
Songe	*Sokhora, Bisségo.*
Sonnette	Voyez *Clochette.*
Sonneur	*Yiguiyiguiba.*
Sorcier	*Souba.*
Soufflet (sur la joue)	*Ntégué.*
Soufflet de forgeron	*Fangoulo.*
Soufre	*Timbiriti.*
Soulier	*Sabara.*
Souper	*Souma.*
Soupir	*Ronion.*
Source	*Ba-diou.*
Sourcil	*Niésy, niansi.*
Sourd	*Tloguédé, toulouguédé.*
Souris	*Gniné-dé.*
Spéculateur	*Féléli-ba.*
Squelette	*Passara.*
Successeur	*Mfà-tien.*
Sucre	*Souker* (français).
Sud	*Ouorodougou, kagnaka.*

Sueur	Fountani.
Surnom	Kontong.
Surtout (vêtement)	Doloké, doroké.
Syphilis	Mporo.

T

Tabac à priser	Sira, doli.
Tabac à fumer	Tambadakha, didakha.
Tabatière	Sirabata
Tabouret en bois	Kouloungo.
Tache	Noua.
Tailleur	Djennéké.
Talon	Singnoung-o, singlounto.
Talus	Konko.
Tamarinier	Tombi, timbingo.
Tambour	Dounou.
Tamtam avec pied (pour fêtes)	Taboulo.
Tamtam de guerre (portatif)	Tabala.
Tamtam portatif pour les danses	Tantang-o.
Tamtam avec cordes (se tient sous le bras)	Tama.
Tante	Mama, ben-mousso.
Taon	Noro.
Tapage	Ouoyo.
Tapade	Sékourou.
Taureau	Toura.
Teinture en général	Galala.
Teinture brune (arbrisseau fournissant la teinture jaune et brune pour les pagnes des malinkés et des Bambaras)	Bassadiouo, bassala.
Teinture rouge pour les ongles (arbrisseau fournissant la)	Kilidiabé.
Teinturier	Galaba.
Tenaille	Bala.
Tente	Tilisi, goua.
Termite	Bakha-bakha.
Termitière	Bakha-bakhaboung-o.
Terre cultivable ou autre	Bankou.
Terre (globe terrestre)	Koungokoulou.

Terre que l'on mélange à la	*Ierlé.*
Testicule [teinture brune	*Forokili.*
Tête	*Koung-o.*
Tibia	*Sanakoulo.*
Tiers	*Sabana, télantiésabado.*
Tison	*Takourou.*
Tisserand	*Guésédala, Guisédala.*
Toile	*Guésé, guisé.*
Toit de case	*. Tiba.*
Tomate indigène	*Nkoɤo.*
Tomate sorte de (a un peu le goût du concombre et se cuit dans le couscous)	*Diakhatou.*
Tombeau	*Sélé.*
Tonnerre	*Sankalima.*
Tornade	*Fonio, sanio.*
Torrent	*Ouassa, ouassaba.*
Tortue	*Couta, kounia, taou.*
Tourtereau	*Ntoufa-dé.*
Tourterelle	*Touban, ntoufa.*
Trace	*Séno.*
Trahison	*Dianfalé.*
Traitant	*Diula, féréké.*
Traître	*Dianfaba, téguéré.*
Transport	*Tanaé.*
Tresse	*Sio.*
Tripes	*Nougou.*
Trompe d'éléphant	*Boulo-sama, boulo-kafili*
Trompe (instr. de musique des bambaras fabriqué avec une dent d'éléphant.	*Samanjibourou, kafilinjibou-*
Trou	*Dégné.* [rou.]
Troupe (fraction de colonne)	*Kélé-boulo.*
Troupeau	*Ouéré.*
Tubercule (sorte de taro et	*Diabéré.*
Turban [d'igname]	*Diala.*
Tyran	*Nké kono-diougou.*

U

Ulcère	*Dioli.*
Urine	*Néguéné.*

6

Usage   *Nféna.*

V

Vache	*Missi-mousso, nissi-mousso.*
Vaillance	*Fari.*
Vallée	*Faraba.*
Vanne (pour le mil)	*Lafa, loufa.*
Vapeur	*Sissi, siso.*
Vautour (genre urubus)	*Douga.*
Veau	*Missi-dé.*
Veine	*Mpassa.*
Venin	*Kouna, dangala.*
Vent	*Fanio, fieng.*
Vent d'est	*Koronofanio.*
Ventre	*Kono.*
Ver	*Toumou.*
Verge	*Foro.*
Vérole (petite)	*Nso.*
Verroterie (perles en)	*Konôo, dali.*
Vesse	*Bofieng.*
Vestige	*Tôo.*
Veuve	*Mousso ba koro.*
Viande	*Soubo, sogo.*
Victoire	*Goué.*
Vie	*Kissi.*
Vieillard	*Nké mokho, tiékoro.*
Vierge	*Sonkouron-nguéré, diéra.*
Vigne du Soudan	*Fouroko-faraka.*
Village	*Bougou, dougou, galo, counda*
Village hospitalier	*Diabougou.* [*si, sou.*
Ville	*Dougouba, badougou, galo-*
	Bigne (français). [*dougou.*
Vin	*Sa.*
Vipère	
Visage	*Nié, niandoko.*
Vivres	*Sérafana.*
Voie	*Séra, sira.*
Voisin	*Siguinian.*
Vol d'oiseau	*Pan.*
Vol	*Souniali.*
Voyageur	*Diénagnigniba.*
Vue	*Félélikéla.*

Y

Yeux	*Nié, nian, niang-o.*

Z

Zagaie	*Bégné, biene, narama.*
Zénith	*Koung.*

---

2. — ADJECTIFS

A

Adroit	*Goléa (a bé).*
Agréable	*Di (a kha).*
Aigre	*Koumona (a bé).*
Aigu	*Koumo (a mau).*
Ambitieux	*Dinié (a kha).*
Amer	*Kounan (a kha).*
Ample	*Bo (a kha).*
Ancien	*Koro (a kha).*
Avare	*Diougou (a bé).*
Aveugle	*Fiento (a bé).*

B

Bas	*Dougouma, khang.*
Bavard	*Kouma (a bé), koumba ba.*
Beau	*Gni (a kha).*
Bête	*Kilidokhou (a kha).*
Bien portant	*Kendé (a kha).*
Blanc	*Dié, khoy.*
Blessé	*Soua (a bé).*
Bleu	*Tiguéla.*
Bleu et blanc	*Kousou-nkhala*

Boiteux	Mourou-khota, singkilé. (a
Bon (comme goût)	Di (a kha). [bé.)
Bon	Bété (a kha).
Borgne	Niankili, niékilé (a bé).
Bossu	Danto, kroumo (a bé).
Branchu	Boulotigui (a bé).
Brave	Fati (a bé).
Brillant	Douniaré (a bé).
Brûlant	Goin (a kha).
Brun	Bassala.

C

Caduc	Makoro (a bé),
Caillouteux	Kourouba (a bé).
Calme	Fien-nté (a bé).
Carnassier	Soubodomo (a kha).
Carmin (couleur)	Fara-oro.
Carré	Toufa (a bé).
Charitable	Sarakha-ndibété (a bé).
Charmant	Gni (a kha).
Chatouilleux	Féréféré (a bé).
Chaud	Goin (a kha).
Chauve	Koungdié (a bé).
Cher	Golé (a kha), diaréla (a bé).
Clair	Kalodié (a bé).
Colère	Séli (a bé),
Compacte	Kouna (a bé).
Complaisant	Kanouba (a bé).
Content	Di-bissa (a kha).
Contradictoire	Sosola (a kha).
Contraire	Kodiougou (a bé).
Courageux	Fari (a kha).
Courante (eau)	(Dji)-ouoyo.
Court	Tiésoro, (a bé), dian (a man).
Craintif	Bissila (a kha).
Crasseux	Noua (a bé).
Creux	Doung (a bé).
Cru	Mamo (a kha), kéné (a bé).
Cruel	Féri (a kha).
Cuit	Mona (a kha).
Cuivre	Soula (a bé).

D

Débauché	Fouyango (a bé).
Dédaigneux	Ntékériro (a).
Délectable	
Délicat	} Di (a kha).
Délicieux	
Demi	Tlantié (a bé).
Dense	Dournou (a bé).
Dernier	Tourabéko, sata (a bé).
Désagréable	Gni (a man).
Désireux	Gnignina (a bé).
Deuxième	Fla-na (a bé).
Diaphane	Kalodié (a bé).
Différent	Balétié (a bé).
Difficile	Golé (a kha).
Digestif	Fara (a kha).
Direct	Niato.
Docile	Baro (a bé).
Dodu	Tloro (a bé).
Domestique	Korosigui (a bé)
Double	Koufoula, koufla (a bé).
Doux (goût)	Di (a kha).
Droit	Télé (a kha).
Droite (main)	Kini.
Dru	Kouna (a bé).
Ductile	Kama (a bé).
Dur	Gouelé (a bé).

E

Écarlate	Oulé.
Écervelé	Fato (a kha).
Effronté	Malotila (a kha).
Egal	Kakili (a bé).
Emporté	Fato (a bé).
Enfantin	Démésé (a bé).
Épais	Kologouri (a kha).
Errant	Tamata (a kha).
Éternel	Téba (a kha).
Étroit	Datougounté (a bé).

6.

Exact	*Tléna (a bé), ntonia.*
Extraordinaire	*Béné (a bé).*
Extravagant	*Fato (a bé).*

F

Fâché	*Séli (a kha).*
Facile	*Golé (a man).*
Faible	*Fania (a man).*
Fainéant	*Salaba (a bé).*
Faux	*Kalotégué (a bé).*
Femelle	*Mousso.*
Fermé	*Tougou (a bé).*
Fin	*Missé (a bé).*
Fort	*Fania (a bé).*
Fou	*Fato (a bé).*
Frais	*Sounia (a bé).*
Froid	*Néné (a bé).*
Futur	*Nala (a bé).*

G

Gai	*Toulou (a bé).*
Galeux	*Magnatigui (a bé).*
Gauche	*Nouman.*
Gentil	*Gni (a kha).*
Gluant	*Noua (a kha).*
Gonflé	*Founou (a bé).*
Gourmand	*Doumoulilaba (a bé).*
Grand	*Ba, bôa (a kha), dian (a kha).*
Gras	*Tléba, tiéba (a bé).*
Gris	*Sidié, ségué (a bé).*
Gros	*Tôo (a kha).*
Guéable	*Téguéba (a kha).*

H

Habituel	*Délila (a kha).*
Hardi	*Tiéféré (a bé).*
Haut	*Sankho.*

Heureux	*Ouordi (a bé)*.
Honnête	*Maniouma (a)*.
Honteux	*Malouta (a bé)*.
Hospitalier	*Dialigué*. [*qui*.
Humain	*Sarakhandibété (Sarakhati-*

I

Idiot	*Fato (a bé)*.
Immobile	*Tlé (a bé)*.
Imperceptible	*Niéntédié*.
Impie	*Kafri (a bé)*.
Impoli	*Malébélé (a kha)*.
Important	*Mako (a bé)*.
Indépendant	*Foro (a kha)*.
Indigène	*Ouoloyoro (a bé)*.
Industrieux	*Dahari-tigui (a bé)*.
Inégal	*Ka (a man)*.
Inexact	*Ntonia nté*.
Infini	*Ntébanta (a)*.
Ingrat	*Kodombali (a bé)*.
Injurieux	*Néni (a kha)*.
Injuste	*Kégné (a man)*.
Intelligent	*Kéou (a kha)*.
Intérieur	*Kono (a bé)*.
Intrépide	*Fari (a kha*.
Invisible	*Niéntédié (a bé)*.
Invraisemblable	*Ntonia-nté (a)*.
Ivre	*Dlobéla (a bé)*.

J

Jaloux	*Kili koudiougou (a kha)*.
Jaune	*Basidié, basikhoy*.
Jeune	*Koro (a man)*.
Joli	*Gni (a kha)*.
Joyeux	*Di-bassa (a kha)*.
Juste	*Kénié (a kha)*.

L

Laborieux	*Kessé (a kha).*
Lâche	*Sarana (a bé).*
Ladre	*Diougou (a bé).*
Laid	*Gni (a man).*
Laineux	*Sitiama (a bé).*
Laiteux	*Nié-dji (a kha).*
Languissant	*Niouna (a bé).*
Large	*Kali (a bé).*
Léger	*Gouli (a man).*
Légitime (enfant)	*Fourou dée (a bé).*
Lent	*Souma (a kha).*
Libre	*Foro (a kha).*
Long	*Dian (a kha).*
Lourd	*Gouli (a kha).*
Luisant	} *Kalodié (a bé).*
Lumineux	

M

Magnifique	*Gni-bété (a kha).*
Maigre	*Fassaline, passaya (a be).*
Malade	*Kendé (a man).*
Mâle	*Nké.*
Malheureux	*Ouordji (a man).*
Malhonnête	*Sou (a kha).*
Malicieux	{ *Kéou (a kha).*
Malin	
Malpropre	*Noua (a bé).*
Marcheur	*Takha malaba (a bé).*
Marécageux	*A bé dengaino.*
Massif	*Gouli (a kha).*
Maudit (homme)	*Nké lokho bona (a bé).*
Mauvais	*Bété (a man).*
Méchant	*Diougou (a bé).*
Meilleur	*Di-bété (a kha).*
Même	*Kili (a bé).*
Mensuel	*Karo kou karo a bé na la.*
Menteur	*Fini (a kha).*
Méprisable	*Nké lokho bona (a bé).*

Mince	Messé (a kha).
Moderne	Kouta.
Modeste	Niouma (a bé).
Morveux	Noung-dji tigui (a bé).
Mou	Ma (a kha).
Moucheté (comme une pan-	Khala (gni).
Mouillé [thère	Kou (a kha).
Mourant	Saba (a bé).
Muet	Bobo, boubou (a bé).

N

Nécessaire	Béréniala (a bé).
Négligent	Faratili (a kha).
Net	• Dié (a kha).
Neuf	Couta (a bé).
Noble	Fama, mansa-dée (a bé).
Noir	Fing.
Noir et blanc	Fing-nkhala.
Nouveau	Couta.
Nu (homme)	Balamokholoung-o (a bé).
Nuisible	Diougou (a bé).
Nulle chose	Fen-nté (a).

O

Obéissant	Sikinféba (a bé).
Obscure	Dibi (a bé).
Odorant (mal)	Souma bala (a bé).
Odorant (bien)	Soumadi (a bé).
Oisif	Koké (a bé).
Opulent	Nafolo-tigui (a bé).
Orageux	Sanfina (a bé).
Originaire	Ouoloyoro (a bé).
Orgueilleux	Diagoba (a bé).
Outrageux	Dialakéba (a bé).
Ovipare	Kiliba (a bé).

P

Pacifique	Magnima (a bé).

Parallèle	*Douokéréfé (a bé).*
Pareil	*Kili (a bé).*
Paresseux	*Salabato (a kha).*
Parfait	*Gni (a kha).*
Passager	*Tamiba (a bé).*
Patient	*Mounioula (a bé).*
Pauvre	*Niani (a bé).*
Perceptible	*Nié a bé dié.*
Perpendiculaire	*Tlé (a bé).*
Perverti	*Yaoussé (a bé).*
Pesant	*Gouli (a kha).*
Petit	*Sourou, soutouma-ndé (a bé).*
Pieux	*Allabatou (a bé).*
Plein	*Fali (a bé).*
Pointu	*Méssé (a kha).*
Poltron	*Djito (a bé).*
Potelé	*Tlora (a bé).*
Pouilleux	*Gnimi (kha sia).*
Poussif	*Nila-tili (a kha).*
Premier	*Kilégni (a bé).*
Présent	*Dian (a bé).*
Prêt	*Nto (a bé).*
Proche	*Dian (a bé).*
Prodigue	*Tiniala (a bé).*
Profond	*Doung (a bé).*
Prompt	*Talia (a bé).*
Propre	*Noua (a man).*
Puant	*Soumabala (a bé).*
Puissant	*Sembétigui (a kha).*
Pur	*Diéra (a kha).*

Q

Quadruple	*Kounani (a bé).*
Quelqu'un	*Nounou (a bé).*
Querelleur	*Kiriba (a bé).*

R

Raboteux	*Gniningo (a kha).*
Raisonnable	*Kili (a kha).*

Rapide	Taria, talia (a kha).
Rare	Khollé (a kha).
Rebelle	Koungagolé (a bé).
Réel	Siene (a bé).
Régulier	Kénié (a kha).
Réjouissant	Niakhalé (a bé).
Religieux	Moriba (a bé).
Reluisant	Kalodié (a bé).
Résidant	Sigui-yoro (a bé).
Rêveur	Sinokhoraba (a bé).
Riche	Nafouloutigui (a bé).
Rien	Fen nté.
Rond	Kori, douromé (a bé).
Rouge	Oulé.
Rougeâtre	Blé (a kha).
Rouillé	Khouta (a kha).
Rusé	Khalé-khali (a bé).

S

Sage	Mouma, mouniou (a bé).
Sale	Noua, norolé (a bé).
Sanglant	Diolilé (a bé).
Sauvage	Yaoussé, gouana (a bé).
Savant	Kéou (a kha).
Sec	Dia (a bé), kou (a man).
Second	Anokanda, flana (a bé).
Secourable	Déméba (a bé).
Séditieux	Dianfaba (a kha).
Semblable	Kakili (a bé).
Sensible	Kissélaba (a bé).
Sérieux	Mantoné (a bé),
Serviable	Korosiguila (a bé).
Seul	Kilé (a bé).
Simple	Khalékhalé (a man).
Sobre	Ntémi (a kha).
Soigneux	Sarola (a bé).
Solide	Gouelé (a bé).
Sot	Fato, fabiro (a bé).
Soudain	Sasa.
Stagnante (eau)	(Dji)siguiyoro.
Stérile	Borké (a bé).

Studieux	*Kalamba (a bé).*
Sublime	*Dibété (a kha).*
Supérieur	*Fessa (a kha).*

T

Taciturne	*Konodiougou (a bé).*
Téméraire	*Fati (a kha).*
Tendre	*Ma (a bé).*
Ténébreux	*Dibi (a bé).*
Timide	*Bisséra (a kha).*
Tortu	*Doulé (a bé).*
Touffu	*Firaba (a bé).*
Tout	*A bée.*
Tranquille	*Sabarili (a bé).*
Triple	*Kousaba (a bé).*
Triste	*Dosisilé (a kha).*
Trompeur	*Nénéba (a bé).*
Trouble	*Dourouné (a bé).*
Turbulent	*Ouoyo-tigui (a bé).*

U

Utile	*Ganafa (a bé).*

V

Vagabond	*Siguibali (a bé).*
Vaseux	*Dengaino (a bé).*
Velu	*Si khasia (a bé).*
Véridique	*Ntonia.*
Vert	*Niougoudji, fourakéné.*
Victorieux	*Kélékélaba (a kha).*
Vide	*Fentakono (a bé).*
Vieux	*Koro, khoto, siakoro.*
Vigoureux	*Fania (a kha).*
Vilain	*Diougou (a kha).*
Viril	*Sié (a bé).*
Visible	*Niébédié (a bé).*
Vite	*Talia (a kha).*
Vivant	*Balouli (a bé).*

Vivipare	*Ouolo-dé (a bé).*
Voluptueux	*Niakali (a bé).*
Vorace	*Domololiba (a bé).*
Vrai	*Ntonia.*

·· 3. — NUMÉRATION

Un	*Kilé.*
Deux	*Foula, fla.*
Trois	*Saba.*
Quatre	*Nani.*
Cinq	*Loulou, doulou.*
Six	*Ouoro.*
Sept	*Ourongla.*
Huit	*Sagui, ségui.*
Neuf	*Khononto.*
Dix	*Tan.*
Onze	*Tan i kilé.*
Douze	*Tan i fla.*
Treize	*Tan i saba.*
Quatorze	*Tan i nani.*
Quinze	*Tan i loulou.*
Seize	*Tan i ouoro.*
Dix-sept	*Tan i ouorongla.*
Dix-huit	*Tan i sagui.*
Dix-neuf	*Tan i khononto.*
Vingt	*Tan foula, mougou.*
Vingt-un	*Mougou i kilé, tan foula i kilé.*
Trente	*Mouganta, tan saba.*
Quarante	*Débé, tan nani.*
Cinquante	*Débenta, tan loulou.*
Soixante	*Mantiémé, tan ouoro.*
Soixante-dix	*Mantiémenta, tan-ouorongla.*
Quatre-vingts	*Kémé,*
Quatre-vingt-dix	*Keménta.*
Cent	*Kémenmougou, kémé i tan-*
Cent-un	*Kémenmougou i kilé. [foula.*

Cent trente-cinq	*Kémenmougou i mouganta*
Deux cents	*Kéméfoula i débé.* [*loulou.*
Huit cents	*Bakélé, bukémé.*
Mille	*Bakélé i kéméfoula i débé.*

Premier	*Folofolonana, kilé nji.*
Deuxième	*Anokanda, flana.*
Troisième	*Sabena.*
Quatrième	*Nanina.*
Cinquième	*Loulouna.*
Sixième	*Ouorona.*
Septième	*Ouoronglana.*
Huitième	*Saguina.*
Neuvième	*Khonontona.*
Dixième	*Tauna.*
Onzième	*Tan i kiléna.*
Cinquantième	*Débentana.*
Soixante-quatrième	*Mantiémé i nanina*
Dernier	*Tourabéko, kossata.*

Une fois	*kilé.*
Deux fois	*Koufla.*
Trois fois	*Kou sabu.*
Quatre fois	*Kou nani.*
Cinq fois	*Kou loulou.*

4. — VERBES

A

Abandonner	*Boula, bla (a kha).*
Abattre	*Téga (a kha).*
Aboyer	*Kassi (a kha).*
Abreuver	*Dji-mi (a kha).*
Abriter (s') du soleil	*Sésoumakoro (a be).*
Abriter (s') de la pluie	*Boula (a bé).*
Accepter	*Ména (a kha).*
Accoler	*Noro (a kha).*

Accorder	Sar (kha).
Accoucher	Ouolola (a bé).
Accoupler	Voy. Accoler.
Accrocher	Dou (kha).
Accroupir (s')	Sounouri (bé).
Accuser	Soudala (hha).
Achever	Banta (kha).
Admirer	Félé (kha).
Affranchir	Allako foro (bé).
Agrandir	Korla (kha).
Aider	Démé (kha).
Aigrir	Koumona (kha).
Aiguiser	Goué (a kha).
Ajouter	Foraka (kha).
Ajuster	Kégné (kha).
Aligner	Kégné (kha).
Allaiter	Siami (a kha).
Aller	Takha (a bé).
Aller à cheval	Élésouoko (a bé).
Allumer	Ména (kha).
Amarrer	Siri (kha).
Amener	Nanaé kha.
Amincir	Misséla (kha).
Amuser	Tlouka (kha).
Appartenir	Tado (a bé).
Appeler	Kili (kha).
Appeler (s')	Ntokho di (a bé).
Apporter	Nanaé, nati (a kha).
Apprendre	Digué, digui (a bé).
Apprêter	Débéri (a bé).
Approcher (s')	Nata (a kha).
Appuyer (s')	Tintana (a bé).
Appuyer	Totiguilo (a bé).
Armer (s')	Nékelamirantalo (a bé).
Arranger	Dla (kha) sigui a sigui noto
Arrêter(s')	Do (a bé).
Arrêter	Siguila (a bé).
Arriver	Nala, nana (a bé).
Arrondir	Moromoro (a kha).
Arroser	Dji bo foroko (a bé).
Assassiner	Fa (kha).
Assister	Voy. Aider.
Assembler (s')	Kafou niokhoma (a be).

Asseoir (s')	*Siguila (a bé).*
Attacher	*Siri (a kha).*
Attendre	*Khonon (a kha).*
Attraper	*Mena (a kha).*
Avaler	*Khounou (a bé).*
Avancer	*Mando (a bé).*
Avoisiner	*Dougoukoura (a bé).*
Avoir (auxiliaire)	*Kha.*
Avoir (posséder) abondance	*Naflo (a kha).*
Avoir (ne pas) [aisance]	*Sola (a man).*
Avoir besoin	*Nsitama a bé.*
Avoir faim	*Khonkho bé na.*
Avoir soif	*Dji lokho bé na.*
Avoir tort	*Ntonia nté.*
Avoir raison	*Ntonia lémou.*
Avoir peur	*Bissira (a kha).*
Avoir momentanément	*Sota (kha).*
Avorter	*Siguikho (a bé).*

B

Baigner (aller se)	*Kou (takha).*
Balancer	*Lama (a bé).*
Balayer	*Fira (a kha).*
Bâtir	*Sodo (a kha).*
Battre	*Nta (a kha).*
Battre (se)	*Kellé (a bé).*
Bavarder	*Koumalaba (a bé, a kha).*
Blanchir	*Kou (a kha).*
Blesser	*Mbou (a bé).*
Blottir (se)	*Sounsouri (a bé).*
Boire	*Mi (a bé).*
Bondir	*Pin (a kha).*
Boucher	*Datougou (a bé).*
Braire	*Kassi (a bé).*
Brider	*Boulado (a bé).*
Broder	*Fenga (a bé).*
Brûler	*Diani (a bé).*

C

Cabrer (se)	*Akourou (a kha).*

Cacher	*Dougou, dogo (a bé).*
Calmer (en parlant du vent)	*Fiène nté.*
Casser	*Tita (a kha).*
Changer	*Félé (a bé).*
Chanter	*Doukili (a kha).*
Charger (un fusil)	*Mougou (a bé).*
Charger sur sa tête	*Sigui-koungo (a kha).*
Charger, une bête de somme	*Lota (a kha).*
Chasser, renvoyer	*Nta (a kha).*
Chasser (aller à la chasse)	*Sougafa, déguémalé-doula*
Châtrer	*Kobo (a kha).* [*(a bé).*
Chauffer (se)	*Diali (a bé).*
Chausser (se)	*Sabarado (a bé).*
Chavirer	*Tounouna (a bé).*
Chercher	*Gnigni (a bé).*
Choisir	*Rotomo, sougando (a bé).*
Circoncire	*Forotégué (a bé).*
Commencer	*Folo (a kha).*
Combattre	*Kélékélé (a bé).*
Comprendre	*Mé (a kha).*
Compter	*Dan, dang (a bé).*
Conduire (aller)	*Manto (takha).*
Connaître	*Gnilon (a kha).*
Conspirer	*Dianfa (a bé).*
Conter	*Koumalatali (a kha).*
Continuer	*Laba (a bé).*
Coucher (se)	*Da, lala (a bé).*
Coudre	*Kala (a kha).*
Couper	*Tégué (a kha).*
Courir	*Bori, boli, boré (a bé).*
Courber	*Dou (kha).*
Couvrir	*Birila, dabité (a bé).*
Couvrir (se)	*Bouti (a bé).*
Cracher	*Dadjibo (a kha).*
Craindre	*Bissira (a bé).*
Crier	*Ganiali (a kha).*
Croire	*Ndalala (a bé).*
Cueillir	*Tégué (a kha).*
Cuire	*Diéni, tabinié (a kha).*
Cultiver	*Séno, tchi (a kha).*

D

Danser	Dôo, diaoura (a bé).
Déboucher	Daélé (a kha).
Débrider	Karbéblo (a bé).
Décapiter	Kountégué (a bé).
Déchaîner	Néguéblo (a kha).
Décharger	Ledjigui (a kha).
Déchirer	Fara (a kha).
Découdre	Flé (a kha).
Défendre	Naké (a kha).
Dégaîner	Boussi (a bé).
Dégraisser	Noua-nté (a kha).
Déjeuner	Domolo (a kha).
Délivrer	Kissi (a kha).
Demander	Gnignika (a kha).
Demeurer	Sigui-yoro (a bé).
Démolir	Tita, tiana (a bé).
Dénommer	Lémou (a bé).
Dénoncer	Gania (a kha).
Depêcher (se)	Talia (a kha).
Déplacer	Ata (a bé).
Dépouiller	Bola (a bé).
Déraciner	Iri-bo (a kha).
Dérober	Souniali (a kha).
Descendre	Digui (a bé).
Déshabiller (se)	Ouoro (a man).
Désirer	Soumata (a kha).
Dessangler	Ngoura-blo (a bé).
Desseller	Kirkéblo (a bé).
Détruire	Gossi (a kha).
Dîner	Doumoula (a kha).
Dire	Kouma, fo (a kha).
Disputer (se)	Kiri (a kha).
Distribuer	Tala, tla (a kha).
Divorcer	Bla, fourousalé (rendre la dot)
Donner en toute propriété	Ndima, adima (a bé). [(a bé).
Donner momentanément	Ounso, nso (a kha).
Dormir	Sinokho (a bé).
Doubler	Koufoula (a kha).

E

Écarter	Dia (a kha).
Échanger	Falé (a bé).
Éclairer (faire des éclairs)	Maniankou (a bé).
Écorcher	Bousso (a kha).
Écouter	Tlomanto (a bé).
Écrire	Safé (a bé).
Effrayer (s')	Dossira. (a bé).
Égarer (s')	Sangkhota (a bé).
Élancer (s')	Bidiro (a bé).
Élargir	Kabo (a kha).
Empêcher	Kounsagui (a kha).
Emporter	Tanaé (a kha).
Emprisonner	Atougou (a bé).
Emprunter	Fouma (a kha).
Enchaîner	Négué-douala (a kha).
Enfermer	Atougou (a bé).
Engraisser	Mou (kha).
Enivrer	Dlobéla (a bé).
Ensemencer	Dani, lano (a kha).
Entendre	Mango khango niéba (a kha).
Enterrer	Sou kha don (a bé).
Entrer	Dong, dou (a kha).
Espérer	Nkono (a bé).
Éteindre	Toufa (a kha).
Étendre	Féné (a bé).
Étourdir	Koungo-nté (a kha).
Étrangler	Kharanda (a bé).
Être (dans un lieu) (ceci est)	A bé (a kha).
Être (ne pas)	A man (a bé).
Être (auxiliaire) autre néga-	A nté (a kha).
Étudier [tion	Khango-digui (a bé).
Éveiller	Kounou-sinokho (a bé).
Expier	Sata (a bé) (a kha).

F

Faire	Ké (a kha).
Faire ses besoins (aller)	Takha bouké (a bé).
Falloir	Kan (a kha).

Fatiguer	*Nséguéna (a kha).*
Fendre	*Athi (a bé).*
Fermer	*Tougou (a kha).*
Finir	*Bana, banta (a kha).*
Fondre	*Yéle, kholéna (a kha).*
Forcer à faire	*Fania, fékha (a bé).*
Forger	*Noumou (a kha).*
Frapper	*Fenta (a kha).*
Fuir	*Bouri, boli (a bé).*
Fumer	*Mina (a kha).*

G

Gagner	*No (a kha).*
Galoper	*Souboro (a bé).*
Garder	*Kanta, kolossi (a kha).*
Glisser	*Nté néno (a bé).*
Graisser	*Khémoulou (a kha).*
Gravir	*Élé (a bé).*
Griller	*Diéni (a kha).*
Gronder	*Korondi (a bé).*
Grossir	*Boniatiogo (a kha).*
Guérir	*Kendé (a kha).*
Guetter	*Félé (a bé).*
Guider	*Manto (a bé).*

H

Habiller (s')	*No fanadou (a kha).*
Habiter	*Sigui-yoro, siguiladian (a bé).*
Haïr	*Téné (a kha).*
Hériter	*Tiénata (a kha).*
Humilier	*Lola (a man).*

I

Ignorer	*Njilon (a man).*
Incendier	*Tougala (a bé).*
Indiquer	*Manto (a kha).*
Insulter	*Néni (a bé).*

| Interpréter | *Dalamina (a kha).* |
| Inviter | *Adou (a bé).* |

J

Jeter	*Fa-ilo (a kha).*
Jouer	*Tlo (a kha).*
Juger	*Tienfo (a bé).*

L

Lâcher	*Boula, bla (a kha).*
Laisser	*Boula, bla (a kha).*
Lancer	*Soua (a bé).*
Lasser	*Nségué (a bé).*
Laver	*Kou (a kha).*
Lever (se)	*Ouli (a bé).*
Lire	*Kalan, kran, rango (a kha).*
Louer	*Fouma (a bé).*
Lutter	*Sien-bo (a kha).*

M

Manger	*Doumouni, domolo (a kha).*
Manquer	*A nté dian.*
Marcher	*Takha (a bé).*
Marier (se)	*Fourou (a bé).*
Mentir	*Kalotégué (a bé).*
Mesurer	*Asama, sogonié, sibira (a kha)*
Mettre	*Ké (a kha).*
Moisir	*Koumoura (a kha).*
Monter	*Élé, yélé (a bé).*
Moquer (se)	*Niakhali (a man).*
Mordre	*A kha nké (a kha).*
Moucher (se)	*Noung-fié (a bé).*
Mourir	*Sata (a kha, a bé).*
Mouvoir	*Roma (a bé).*
Mugir	*Kassi (a bé).*
Mûrir	*Mona (a kha).*

N

Nager	Néou, non (a bé).
Naître	Ouolola (a bé).
Négliger	Fli (a kha).
Nettoyer	Fra, kou (a bé).
Nier	Ladié (a kha).
Nourrir	Labalo (a bé).
Nuire	Kha tien (a bé).

O

Obéir	Batou (a kha).
Obliger	Démé (a kha).
Obscurcir	Dibi (a bé).
Opposer	Kanaké (a kha).
Ordonner	Oka (a bé).
Oter	Abo, ta (a kha).
Oublier	Niéniéna (a bé).
Ouvrir	Élé, yélé (a bé).

P

Paître	Gouélila (a bé).
Pâlir	Éléma (a kha).
Pardonner	Toubita (a bé).
Parler	Kouma, kho (a bé).
Partager	Téla, tla (a kha).
Partir	Takha (a bé).
Passer	Tami, témé (a kha).
Payer	Ounsara (a bé).
Peindre	Dégué (a bé).
Pendre	Siri, séri (a kha).
Penser	Konodomiri (a kha).
Percer	Soy (a bé).
Percher	Konosigui-yoro (a kha).
Perdre	Fili, tounounda (a bé).
Permettre	Niésé (a kha).
Peser	Gouli (a kha).
Péter	Toni (a bé).

Piler	*Asousou (a kha).*
Piller	*Souboli (a bé).*
Piquer (se)	*Souada (a bé).*
Plaindre (se)	*Niouna (a bé).*
Plaire	*Déa (a kha).*
Plaisanter	*Tlo (a bé).*
Pleurer	*Kisi, kassé (a kha).*
Pleuvoir	*Sangdji (a bé).*
Plonger	*Tounou (a bé).*
Ployer	*Digué (a man).*
Plumer	*Chi-bo (a bé).*
Polir	*Nougouya (a kha).*
Pondre	*Kiliké (a kha).*
Porter	*Tanaé (a kha).*
Poser	*Kiliké (a kha).*
Poursuivre	*Saga talo (a bé).*
Pousser	*Niori (a bé).*
Pouvoir	*Né (a kha).*
Précéder	*Nialo (a bé).*
Prédire	*Gnignina (a kha).*
Prendre	*Ta (a kha).*
Préparer	*Débli (a bé).*
Presser (se)	*Atalia (a bé).*
Prêter	*Fouma, dono (a kha).*
Prévenir	*Fouga (a kha).*
Prier	*Sali, dali (a kha).*
Promener (se)	*Niala (a bé).*
Promettre	*Dégué (a kha).*
Prosterner (se)	*Niouguédé, niouguéri (a bé).*
Protéger	*Démé (a kha).*
Puer	*Séma (a bé).*
Puiser	*Dji-bi (a bé).*
Punir	*Gossi (a kha).*
Purger	*Bassi-mi (a kha).*

Q

Questionner	*Gninikalé (a kha).*
Quitter	*Toué (a bé).*

R

Racheter	Koumabo (a bé).
Raconter	Tale (a kha).
Ramasser	Tié (a kha).
Ramener	Eléma (a bé).
Ramper	Fori (a kha).
Rappeler (se)	Fakilisigui (a bé).
Rapporter	Nati (a kha).
Raser	Sirifé (a bé).
Rassembler	Alladié (a bé).
Ravager	Ati (a kha).
Recevoir	Mouta (a bé).
Réchapper	Kisséra (a kha).
Réclamer	Déli (a bé).
Récompenser	Sara (a kha).
Recoudre	Kala-kokoura (a bé).
Recuire	Diéni-kokoura (a kha).
Reculer	Kholomato (a bé).
Refuser	Bali, ban (a kha).
Regarder	Flé, félé (a kha).
Régner	Mbéfamoyoro (a bé).
Rejoindre	Nala (a kha).
Réjouir	Niakhalé (a bé).
Remarier	Fourou koufla (a bé).
Remercier	Tanou (a kha).
Remplir	Fa (a bé).
Remuer	Roma (a kha).
Rencontrer	Béna (a kha).
Rendre	Sagui (a bé).
Rentrer	Dung, do (a kha).
Renverser	Bona (a kha).
Renvoyer	Ségama (a kha).
Repasser	Téména (a kha).
Repentir (se)	Mountora (a bé).
Répéter	Kouma khang, akhodi (a kha).
Répondre	Ndiabi (a bé).
Reposer (se)	Nionio (a bé).
Respirer	Nilékilé (a kha).
Rester	Sigui (a bé).
Retourner (se)	Kho méfélé (a kha).
Réussir	Kou a kha di (a bé).

Rêver	*Nsokhora (a bé).*
Revenir	*Nadian (a bé).*
Rincer	*Diossi (a kha).*
Rire	*Iéié, diélo (a kha).*
Ronfler	*Khorondi (a kha).*
Rôtir	*Diéni (a kha).*
Rougir	*Ouléna (a bé).*
Rouler	*Koulokoulo (a bé).*
Rugir	*Kassi (a bé).*
Ruminer	*Doumóukoufla (a bé).*

S

Saigner	*Diolibobo (a bé).*
Saler	*Doung-koi (a kha).*
Saluer	*Khonto (a bé).*
Sangler	*Nougouré (a bé).*
Sauter	*Kipan, pan (a kha).*
Sauver (se)	*Boli (a bé).*
Savoir	*Kodo (a kha).*
Sécher	*Dia (a kha).*
Secouer	*Goudiou goudiou (a bé).*
Seller (un cheval)	*Kirkéla (a bé).*
Sentir	*Souma (a kha).*
Serrer	*Goléa (a kha).*
Servir	*Aynafa (a bé).*
Siffler	*Foulé, félé (a kha).*
Songer	*Sokhora (a bé).*
Sonner	*Yigui yigui (a kha).*
Sortir	*Fiéne (a kha).*
Souffler	*Bo, boun (a bé).*
Souffrir	*Séguéna (a bé).*
Soutenir	*Ména-i-boulo- (a kha).*
Souvenir (se)	*Fakélido (a bé).*
Succéder	*Tien (a kha).*
Sucer	*Bossi, sousou (a kha).*
Suer	*Tla, tala, taro (a bé).*
Suffire	*Séra (a bé).*
Suivre	*Mbatoundo, noména (a bé).*
Supplier	*Sabaro (a kha).*
Supprimer	*Oufarla (a kha).*
Surnager	*Djiku (a kha).*
Suspendre	*Dou (a kha).*

T

Taire (se)	*Manto (a kha).*
Tarder	*Ména (a bé).*
Tâter	*Lama (a kha).*
Teindre	*Gala, souké (a kha).*
Teudre	*Foulé (a kha).*
Tenir	*Ména (kha).*
Terminer	*Banta (kha) nadafa.*
Tirer	*Asama, asaba (a bé).*
Tirer un coup de fusil	*Akhossi (a bé).*
Tisser	*Guiséda (a kha).*
Tomber	*Abi (a bé).*
Tondre	*Tégué (a kha).*
Tordre	*Bissi (a bé).*
Tonner (il tonne)	*Girigirita (a bé).*
Toucher	*Mála (a kha).*
Tourner	*Dialama (a kha).*
Traduire	*Firino (a bé).*
Trainer	*Saman (a kha).*
Transpirer	*Tla (a kha).*
Transporter	*Tanaé (a kha).*
Traverser	*Tami, tégué (a kha).*
Trembler	*Diaridiarala, yéréyéré (a bé).*
Tresser	*Dioda (a kha).*
Tromper	*Néné (a kha).*
Trouver	*Tombo, yé (a kha).*
Tuer	*Fakha (bé).*

U

Uriner	*Niéguéné (a bé).*
User	*Abana (a kha).*

V

Vaincre	*Goué (a kha).*
Vanner	*Tinté (a bé).*
Veiller	*Siniéna (a bé).*
Vendre	*Assan (a bé).*

Venger	*Sara (a kha)*.
Venir	*Na (a kha)*.
Venir de	*Boré (a kha)*.
Venter (il vente)	*Fiene-na (a bé)*.
Verser	*Séné (a kha)*.
Vêtir	*Masiri (a bé)*.
Vider	*Dobola (a kha)*.
Viser	*Sing, soumana (a bé)*.
Visiter	*Khonto (a bé)*.
Vivre	*Kissi, a man sa (a kha)*.
Voir	*Dié (a kha)*.
Voler	*Sounia (a kha)*.
Voler (s'élever en l'air)	*Ki pan (a bé)*.
Vomir	*Fono (a kha)*.
Vouloir	*Gnigni (a kha)*.
Voyager	*Mala (a bé)*.

LOCUTIONS DIVERSES

A

Adieu	*Voyez Bonjour et suivants.*
A droite	*Kini-mboulou.*
Afin	*Katougou.*
A gauche	*Nouman-mboulou.*
Ah !	*Lahilahi.*
Ailleurs	*Yoro-ouérélo.*
Ainsi	*Kori.*
Alentour	*Kérafé, fananté.*
Alors	*Kabidiona.*
Annuellement	*Sang kou sang a bé nala.*
Antan	*Gnina.*
A peu près	*A bé niania.*
Après	*Kho.*
Après-demain	*Sini-kinding.*
Après-midi (de midi à deux heures)	*Tilo-téma kho.*
Après-midi (de deux heures au soleil couchant)	*Ourara.*

Arrière	*Ko.*
Assez	*Sata.*
Aucun	*Aman-nana.*
Aujourd'hui	*Bi.*
Aussi	*A bé, obé.*
Aussitôt	*Sasa.*
Autant	*A flé.*
Autour	*Nkéréfé.*
Autre	*Do.*
Autrefois	*Folo, sinia-foula.*
Autrement	*Ko.*
Avant	*Niato.*
Avant-hier	*Kounou kho.*
Avec	*Hé, ni, i.*

B

Beaucoup	*Sia (a kha) boumba, bélé.*
Bien	*Kou bélé.*
Bientôt	*Sasa.*
Bonjour (le matin)	*I ni sou-khou-ma.*
Bonjour (à midi)	*Ini tili.*
Bonjour (pendant l'après-midi et la soirée)	*I ni oura.*
Bonjour (pendant la soirée et la nuit)	*I ni sou.*
Bonjour (après une longue absence)	*I ni fama.*
Bonjour (à un voyageur)	*I ni ségué, i ni sé.*
Bonjour (réponse des hommes aux salutations ci-dessus, ce terme équivaut à merci)	*Mba, markha-ba, Yaouri.*
Bonjour (réponse des femmes aux salutations)	*An-si (allonger le si).*
Bonne santé (as-tu ce matin)	*Héré sou-kho-ma.*
Bonne santé (as-tu dans la journée)	*Héré tili-nta.*
Bonne santé (en route à un voyageur)	*Héré sita.*
Bonne santé (actuelle avez-vous)	*Héré bé dian, héré bé.*

Réponse : *O Héra.*

Bonne santé (le soir en quit-
tant ce terme correspond
un peu *à bonsoir* et à notre
au revoir) } *Héré bi nié.* { Réponse:
O Héra

Bonne santé (tout le monde
aux environs est-il en bonne
santé) *Kori ka kendé.*

Bonne santé (réponse au kori
ka kendé) *Kendé.*

SALUTATIONS DE DEUX JEUNES GENS MALINKÉS OU KASSONKÉS

DEMANDES	RÉPONSES
I ni ségué.	*Bati.*
Bafoulou bati, i kha ba tokho [o kho loné.	*Babadougou ba nté.*
Bafoulou, moun dougou ba.	*Douban nka né.*
Moun nkané.	*Nkané lo.*
Moun lo.	*Lo bé tan kho.*
Moun bé tan kho.	*Bé tan kho sansé.*
Moun sansé.	*Sansé moundou lo.*
Moun moundé lo.	*Moundou lo mbagué.*
Moun bagué.	*Bagué séta.*
Moun séta.	*Séta kholé.*
Moun kholé.	*Kholé dounga.*
Moun dounga.	*Dougané dienkhé.*
Moun dienkhé.	*Dienkhé nakharasse.*
Moun kharasse.	*Nkharasse ilé lilo.*
Moun lilo.	*I diouto lilo.*

C

Ça	*Dianfé.*
Car	*Katougou.*
Ce, cet, cette, ces	*Ni, a.*
Ceci	*Gni.*
Cela	*Gnimba.*
Celui-ci, celle-ci, ceux-ci, etc.	*Gni.*

Celui-là, celle-là, etc.	*Gaimba.*
Certainement	*Ióo.*
Chacun	*Mokho bé.*
Chez	*Lou, kou.*
Comme	*A bé.*
Comment	*Moun.*
Conjointement	*Ni.*
Contre	*A bé.*
Côté (à)	*Dianfé.*

D

D'abord	*Oma.*
Dans	*Kono.*
Davantage	*Sia.*
Dedans	*Kono.*
Delà	*Dianfa.*
Demain	*Sini.*
Demi (à)	*Tlantié.*
Depuis	*Ouo-toumo.*
Dernièrement	*Ko sata.*
Derrière	*Kho.*
Dès	*Kou.*
Désormais	*Kho flana.*
De suite	*Sasa, doni.*
Dessous	*Khang, dougouma.*
Dessus	*Sakho, sangkhoto.*
Devant	*Niato, nié.*
Dorénavant	Voy. *Désormais.*
Doucement	*Doni-doni.*

E

Également	*Kan (a kha).*
Eh !	*Bissimila.*
Elle	*A.*
En delà	*I niato.*
Encore	*Kafama (kha).*
Enfin	*Sasala.*
Ensemble	*Niokhonfé.*
Ensuite	*Okho.*

Entre	*Témoto, tléma.*
Envers	*Gni.*
Environ	*Niania (a bé).*
Et	*Ni.*
Eux	*Gnimbé.*
Excepté	*Téméniko.*

F

Fi	*Tiah!*
Forcément	*Nifania.*

G

Grandement	*Bélébélé.*

H

Halte !	*Sigui, korro.*
Hélas	*Allah.*
Heureusement	*Kou a kha di.*
Hier	*Kou nou.*
Holà	*Hé.*

I

Ici	*Dian (a bé) lé.*
Il	*A.*
Ils	*Gnimbé, a.*

J

Jadis	*Nfolo.*
Jamais	*Nté!*
Je	*Nté.*
Journellement	*A bé bi.*
Juste	*Ntonia.*
Jusqu'à	*Bé.*

L

Là-bas	*Dianfé, a bé dian.*
Largement	*Bomba (a kha).*
Le, la, les (pour ce, ceci, ceux-	*Gni, gnimbé.*
Légèrement [ci).	*Fien (a kha).*
Lentement	*Doni-doni, moundi-moundi.*
Lequel, laquelle	*Diomamou.*
Leur	*Nimbé, a.*
Loin (très)	*Doula dian.*
Loin	*(A kha) dian, a man soutou.*
Longtemps	*A méra, a ména.*
Lui	*A.*

M

Ma	*Nté.*
Maintenant	*Minlo.*
Mais	*Nkha.*
Marche !	*Korr.*
Même	*A bé kili.*
Merci	*Mbda, i nissé, i ni tchié, mar-*
Mien (le) 'cette chose est à	*Nté fengo. [khaba.*
Mieux [moi)	*Di-bélé (a kha).*
Moi	*Nté.*
Mon	*Nté.*

N

Naguère	*Odóo.*
Ne pas	*A man, a té.*
Néanmoins	*Nkha.*
Ni	*Nté.*
Non	*Ein-ein, ntéké, nté.*
Nos	*Ntélou.*
Notre	*} Ntélou.*
Nous	
Nulle (chose)	*Fen-nté.*

O

O !	O.
Obligeamment	Adémé.
On	A.
Où	Alou la, a bé minto.
Ou	Ouala.
Ouf	Hakh.
Oui	Iôo.
Outre (en)	Ni.

P

Par	Téma.
Parce que	Mémou.
Par-devant	I niato.
Parmi	Kono.
Partout	Yorobé.
Pas (ne)	A man, até.
Pendant que	A bé.
Personne (aucune)	Mokho nté.
Peu	A man sia.
Peu (très)	A man sia bété.
Peut-être	A bé niéna.
Plus	Fsa (a kha).
Plusieurs	A kha sia.
Plus tôt	I niato, linia.
Plutôt	Say, fésaé (a kha).
Pouf	Kounka.
Pour	Mèmo.
Pourquoi	Moun katou.
Pourtant	Nka.
Pourvu que	Diakha.
Près d'ici	A man dian.
Près (assez)	A bé dian.
Près (contraire de loin) indé-	A kha soutou.
Promptement [fini]	Ataria.
Proprement	Kha diéra.

Q

Quand	*Néloumana.*
Quel	*Moun, diouma.*
Quelque	*Nounou.*
Quelquefois	*Toumo.*
Quelqu'un	*Nounou.*
Qui	*A.*
Qui cela	*I kodi.*
Quiconque	*Nimbé, mokho bé.*
Quoi	*A khodi.*
Qu'est-ce qu'il y a	*Moun la.*

S

Sa	*I.*
Salement	*Noua (a kha).*
Salut !	Voy. *Bonjour* et *Bonne santé*
Sans	*A manta.*
Seulement	*Doron.*
Si	*Gni.*
Sien (le)	*A.*
Son, sa, s. s	*A.*
Soit	*Bisssimila, ntonia.*
Soudain	*Sasa.*
Sous	*Khang.*
Souvent	*A bé bi.*
Sûr	*Sangkoro, sangkholo.*

T

Ta, ton, tes	*I.*
Tandis que	*A bé.*
Tant	*Sia bété.*
Tantôt (futur)	*Linia, sasa.*
Tard	*Sou, soukholo.*
Te, tu	*I.*
Tel (un)	*Gnimba.*
Tien	*I.*
Toi	*I.*

Ton	*I.*
Toujours	*A bé bi.*
Tout	*A bé.*
Très	*Doula, a kha sia.*
Trop	*Sia ta.*

U

Unanimement	*A bé kili.*
Uniformément	*Borafé.*
Utilement	*Aganafa.*

V

Vaillament	*A kha fari.*
Véritablemment	*Ntonia-lémou.*
Vers	*Kéréfé.*
Vis-à-vis	*I niato.*
Vite	*A taria.*
Vite (très)	*Taria-taria.*
Voici, voilà	*Nta.*
Volontiers	*Ióo.*
Vôtre (le)	*A ta.*
Vous	*Ilou.*
Vraisemblablement	*Ntonia, ntonia lémou.*

Y

Y.	*Dian.*

NOMS DES JOURS ET DES SAISONS

Dimanche	*Alakhadi, kari.*
Lundi	*Nténé, ntiné.*
Mardi	*Tlata.*
Mercredi	*Alaba.*
Jeudi	*Alkhamsa.*
Vendredi	*Guédiouma.*
Samedi	*Sibiti, sibiri.*

Époque des tornades	*Saniŏna.*
Époque sèche	*Tléma.*

Époques diverses de l'année ne correspondant pas à uos mois.	*Dionsali.* *Mini kalo.* *Séli kalo.* *Soun kalo.* *Bana sali.*

———————

TABLE DES MATIÈRES

Angers, imp. BURDIN ET Cie, rue Garnier, 4.

www.ingramcontent.com/pod-product-compliance
Lightning Source LLC
Chambersburg PA
CBHW051723090426
42738CB00010B/2052